LUIGI PELLICO

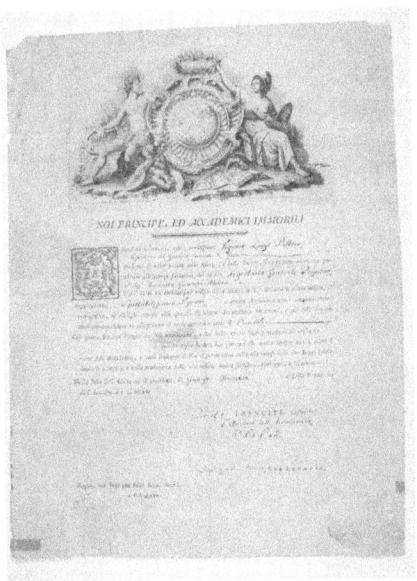

CARTEGGIO
CON PIETRO BORSIERI, UGO FOSCOLO,
QUIRINA MOCENNI MAGIOTTI,
STANISLAO MARCHISIO
ED ALTRI CORRISPONDENTI
OCCASIONALI (1809-1830)

A CURA DI

CRISTINA CONTILLI

Lulu Enterprises

3101 Hillsborough St.

Raleigh, NC 27606-5436

USA

Printed in 2014

Seconda edizione riveduta ed ampliata.

Grazie alla dottoressa Giancarla Bertero responsabile dell'archivio storico del comune di Saluzzo per le foto dei documenti riprodotti in appendice alla nuova edizione.

INTRODUZIONE

Silvio Pellico aveva in fratello quasi coetaneo (Silvio era nato il 24 giugno del 1789, mentre il fratello era nato il 13 gennaio del 1788) che si chiamava Luigi e che fu sempre per lui un amico e un confidente di progetti letterari, difficoltà economiche, speranze e delusioni d'amore.

Secondo Carlo Curto, curatore delle *Opere scelte* del Pellico per la Utet, Luigi che ebbe una vita avventurosa quasi quanto quella di Silvio avrebbe meritato un volume dedicato integralmente a lui e non solo dei brevi riferimenti nei libri dedicati al più famoso fratello.[1]

Questa frase, letta all'epoca del dottorato, mi era rimasta in mente e, approfondendo nel corso degli anni la figura di Silvio Pellico, mi sono accorta che effettivamente anche suo fratello possedeva una personalità interessante, una personalità che le sue lettere a mio parere possono rivelare pienamente.

Per questo ho rintracciato le lettere di Luigi Pellico indirizzate a vari corrispondenti e ho deciso di riunirle in una pubblicazione che spero possa risultare utile agli studiosi della letteratura del periodo risorgimentale, ma

---

[1] "Luigi Pellico, era il fratello maggiore di Silvio e di qualche anno più anziano. Arrivò prima di Silvio a Milano e trovò lavoro presso il ministero della guerra. Conobbe e divenne amico del Foscolo il quale lo incoraggiò nelle sue velleità letterarie. Ma dopo qualche tempo, abbandonate le lettere, si lasciò andare ad una vita scioperata e fu costretto a lasciare Milano ed a rifugiarsi a Firenze. Era pieno di debiti che furono faticosamente pagati dalla sua famiglia. Si trasferì in seguito a Genova, diventando il segretario del conte di Revel, governatore della città." (Notizie tratte da: http://www.sanleolinodibucine.it/MagiottiFoscolo.aspx; in realtà la notizia che Luigi era molto più grande di Silvio la fornì il padre salesiano Celestino Durando nell'introduzione alla sua edizione delle lettere indirizzate da Silvio a Luigi nel periodo 1833-1841 e da lì è passata in altri libri, ma la differenza tra i due fratelli era in realtà di due anni scarsi).

anche del Foscolo, di cui Luigi fu grande amico, anche se, a detta di Foscolo, Luigi era rispetto a Silvio il cristallo paragonato al diamante,[2] secondo Foscolo, Silvio era, infatti, più costante e responsabile, mentre Luigi era più impetuoso e incostante, pronto ad esaltarsi, ma anche a scoraggiarsi con una certa facilità.[3]

Dalla presente edizione ho escluso le lettere di Luigi a Silvio e viceversa perché sono già abbastanza note, essendo state pubblicate più volte nelle biografie di Silvio, per dare spazio alla corrispondenza di Luigi Pellico con altri corrispondenti e in particolare con il Foscolo.

Cristina Contilli, autunno 2012

---

[2] *"Il fratello di Pellico, da te conosciuto a Firenze, e che paragonato a Silvio è un cristallo verso un diamante, è ora impiegato a Genova".* (Lettera di Ugo Foscolo a Quirina Mocenni Magiotti del 27 marzo 1816, tratta da: http://www.sanleolinodibucine.it/MagiottiFoscolo.aspx)

[3] *"Pellico non manca d'ingegno; ma è testa confusa, e pecca alquanto di dissimulazione; né ha per anche perduta l'inconsideratezza giovanile"* (Lettera di Ugo Foscolo a Quirina Mocenni Magiotti del 23 novembre 1814).

5

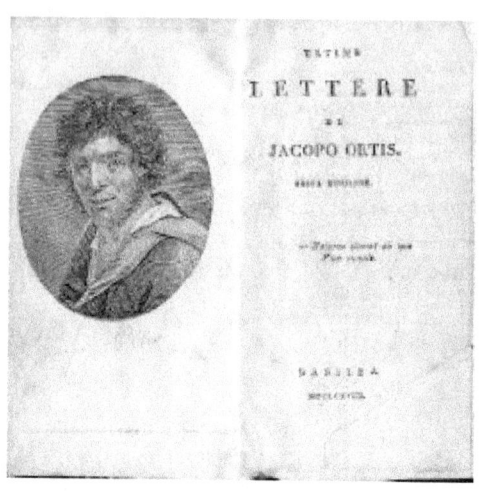

Le Ultime lettere di Jacopo Ortis del Foscolo
in un'edizione del 1817.

LUIGI PELLICO A STANISLAO MARCHISIO

[Posen, 23 febbraio 1808][4]

Da qualche tempo tengo corrispondenza col nostro Foscolo. Il suo *Ortis* è tradotto in tedesco e gliene porto la versione bella e stampata. Essa è buona, e l'*Ortis* piace molto in Germania. E, appunto dove si gusta in tutto la delicata sublimità dell'originale, il *Werther,* si fa onorabile distinzione

---

[4] Pubblicata in *Rassegna storica del Risorgimento* del 1934, p. 767.
Luigi Pellico nel 1806 era andato a lavorare a Posen, mentre Silvio era partito per Lione dove viveva uno zio materno. La causa di entrambi i trasferimenti era il fallimento dell'attività commerciale del padre, Onorato Pellico che era fuggito da Pinerolo a Milano per evitare l'arresto in seguito all'accusa di essere scappato con denaro e documenti contabili, come attestano i documenti dell'epoca conservati all'archivio di stato di Milano.

dell'*Ortis*, mentre che in Francia ei fu tacciato di non avere esistenza morale che sulle bellezze del Werther. Il professore Enrico Luden in Jena che ne fece la versione, scrive pure un opuscolo a parte sull'Ortis e ragionando mollo, alla moda tedesca, applaude degnamente al sublime figlio del Werther.[5]

LUIGI PELLICO A STANISLAO MARCHISIO

[Milano, 17 gennaio 1809][6]

Domenica ventura la prolusione in Pavia del mio Foscolo. Egli mi scrive: Non so dire se l'ambizione o l'amor dell'arte mi tengono di e notte la mente, le mani, gli occhi ed il sangue su questa prolusione, e tu sai quant'io sia. scrittore tardo, difficile, copiatore e ricopiatore.[7]

---

[5] "Senza il caro Ortis ei langue. Pure il sollievo di quelle lettere è straziante, crudele e periglioso al sommo, per un'anima accasciata cosi dalla disavventura ed aperta alle estreme disposizioni.(Lettera di Silvio Pellico del 7 maggio 1807 indirizzata da Lione allo scrittore torinese Stanislao Marchisio che era amico della famiglia Pellico, Silvio avrebbe dovuto rispedire al fratello il romanzo del Foscolo, ma era riluttante perché pensava che per il fratello sarebbe stato più dannoso che utile rileggerlo.)

[6] Pubblicata in *Rassegna storica del Risorgimento* del 1934, p. 768.

[7] Un interessante articolo su Foscolo e il suo soggiorno pavese: http://www.cesareangelini.it/studi_foscolo_pavia.html

7

Ugo Foscolo in un ritratto del 1813.[8]

[8] http://it.wikipedia.org/wiki/File:Foscolo.jpg

LUIGI PELLICO A UGO FOSCOLO

[Milano] 25 Gennaio 1809[9]

Non affettatamente nè per isterile pompa di sapere. Ma il rivolgermi a chi si mostrò bello di cotant'arte onde si commossero le potenze dell'animo mio con i grandi sentimenti dell'amicizia e dell'ammirazione mi fa sorgere naturalmente dove le idee si schierano più lusinghevoli al nostro ingegno, ed appagano di qualche onore la prepotenza delle passioni altere e generose. Così all'incontro abbietto e straniero a me stesso mi sto nel giornaliero contatto con gente che a nulla vive e tutto corrompe.

E per isfogo di un giovane agitato dal bisogno di sentirsi in qualche momento non del tutto volgare fra' volgari abbiate queste mie carte. Esse non saranno lagnanze. Le lagnanze dell'infelice sono per l'uomo come molte verità politiche, di impotente dolore agli uni, di rabbia e di sprezzo agli altri, e di niun giovamento a chi le manda. Hanno le mie lettere il fine di presentarmi al vostro pensiero. Non vi sarò indifferente perchè vi amo di un'alta amicizia, e ne avrà in beneficio i vostri consigli.

Io mi ricordo, e i palpiti del cuore ne prolungano la reminiscenza, io mi ricordo quando, amante di vergine donna bella d'anni e di amore, la mia gioventù s'ubbriacava ne' deliri dell'inesperienza. Poche ore beate fugacemente trascorse, le intere giornate mi lasciavano lunghe inquiete tenebrose. Mosso da un solo oggetto ogni altro oggetto mi riusciva straniero e di tormento, e la mente affannata in tanta solitudine vagando d'illusione in illusione continuamente si pasceva nel nulla. Passato è quel tempo e non mi rimane di esso che l'agitazione e l'incertezza. Ma ben altramente in me si succedevano dolcissime sensazioni quando mi fu dato di consecrare all'uomo i momenti di mia libertà. L'esempio del grande e le virtù magnificando gli affetti del cuore li nutrivano nell'entusiasmo del pensiero, e un'armoniosa corrispondenza confondeva quanto la storia del mondo e le immagini della fantasia giungono ad abbracciare di maestoso e di appassionato. Ed ora solo e lontano da quanto bastava a' miei conforti, vivo

---

[9]Pubblicata in:
http://www.bibliotecaitaliana.it/xtf/view?docId=bibit001505/bibit001505.xml&chunk.id=d38e1128&toc.depth=1&toc.id=&brand=default

ancora col sorriso e l'ardire della speranza, nè l'incostanza della fortuna e le sue minacce turbano le veglie e i liberi miei pensieri.

E se mai innalzerò la mia voce alle età future per me i posteri impareranno a conoscere in voi ed amare quelle virtù che nella fierezza de' vostri concetti rimasero o neglette o nascoste. Sapranno che l'impeto de' vostri proponimenti, quello con cui senza posa e senza timidezza avete santamente edificato un nuovo tempio alla verità, onore e lume de' nostri secoli, tutto sapea correggersi col debole di oneste brame in placida e serena indulgenza. E sapranno che la franca parola e l'ira, distintive doti in chi sta uomo in tempi schiavi; doti erano educate e sostenute da voi e dal vostro esempio e dalla pietosa vostra amicizia. Addio.

Monti mi ha date nuove della vostra prolusione. Numero, tutto impazienza, i giorni che scorreranno prima che mi sia concesso di leggerla. — Se non vi fosse di fastidio di accordarmi una copia promessami dell'edizione de' Sepolcri vostri e del Torti etc., avrei un nuovo motivo di riconoscenza; e qualora vi capitasse sotto mano la traduzione francese del Werther imprestatavi nella scorsa estate e se essa vi fosse del tutto inutile vi pregherei di approfittare di qualche incontro per farmela pervenire.

LUIGI PELLICO A STANISLAO MARCHISIO

[Milano, 2 febbraio 1809][10]

La prolusione del nostro Foscolo "Dell'origine e degli uffici della letteratura" ottenne i più grandi applausi. Quattrocento e più giovani lo accompagnarono con acclamazioni di entusiasmo per il lungo tratto di via che disgiunge l'Università dalla sua casa, mentre lui commosso con Monti alla sua destra si ritirava.

Monti mi diceva; giunsi per fortuna in tempo e gli feci cancellare uno squarcio tutto libero che avrebbe bastato per dar moto e vittoria a' suoi nemici.

Eppure, mio caro, mentre bisogna fremere sulla schiavitù de' tempi e la viltà degli animi, devo, per dio, avere a caro che si vada via mutilando l'audacia generosa di colui che osa liberamente mostrar nudo e schietto il carattere. Tu non saprai tutto, forse. Tu non saprai che, quasi deridendosi di lui, fu nominato professore quando già si sapeva che 3a Cattedra di Pavia verrebbe abolita. Tu non sai che dovendovi essere invece, l'anno venturo in poi, la cattedra del Foro in Milano, alla quale per l'attuale attività, Foscolo vi (sic) avrebbe tutto il diritto, egli fu proposto in competenza di certo Anelli somaro, buffone, facitore di opere buffe e serie, Dio sa come e con quanti versi sbagliati; e fu pure quest'ultimo anteposto e nominato a professore, mentre i talenti sommi di Ugo a null'altro gli giovano che ad aizzare con più ferocia contro di lui le tenebrose brighe de' tanti e tanti suoi nemici e farli trionfare.

Monti, uomo grande, e di grandissimo cuore, lo difende a spada tratta, ma a che prò? Ne egli stesso va forse impunito per aver conservata un'anima libera e pura. E guai, amico, guai all'uomo che osa mostrarsi ancora difensore del giusto e caldo amatore del vero. E quando penso a quali mani viene commessa la sacra coltura della gioventù, io sento una disperazione nel cuore che mi toglie la ragione-.

Piangi, amico, piangi sul nostro obbrobrio e sulle tenebre delle generazioni che ci succederanno. Il mio Ugo mi sta sempre d'innanzi: egli impara a

---

[10] Pubblicata parzialmente in *Rassegna storica del Risorgimento* del 1934, p. 768-769.

temere, e ornai in società ha fatto il callo alla' precauzione del sospetto; ma vagli a sussurrare all'orecchio il linguaggio della verità, porgigli la mano e scuotilo: tu lo vedi a un tratto rompere ogni argine al suo ritegno e procedere, qual maestoso fiume, in liberi e alteri ragionamenti.

Il cielo [lo] salvi, amico, ma più dall'avvilimento universale che dalle persecuzioni; tale dev'essere l'augurio d'ogni suo vero amico; a lui poi rimarrà sempre nell'estremo pericolo l'estremo coraggio e la sua fiera virtù.[11]

LUIGI PELLICO A STANISLAO MARCHISIO

[Milano, 8 marzo 1809][12]

Ho veduto qualche domenica scorsa il vostro Grassi da Ugo; e mi parve tanto affettato e infranciosato che me ne indispettii del tolto, ne mi rivolsi a lui che per chiedere delle tue nuove. Poveri piemontesi !

Giubilo, mio caro amico, che il nostro Foscolo ottenga gloria presso di voi, gloria che ei certo merita al disopra di ogni italiano vivente.

Io pure tengo la sua Orazione per un capo d'opera. Per la prima volta vediamo la Poesia nobilitata dalla Filosofia. E per la prima volta in Italia un uomo veramente grande vien posto al santo ministerio degli Studi e della educazione dei nostri giovani. Ma in fatto la cosa non doveva essere così fra di noi e in questo secolo, quindi la cattedra di Foscolo fu abolita.

---

[11] *"E sempre più m'annoio del mondo; e sempre ringrazio la natura della propensione che mi ha dato alla solitudine, – nè io vivo solo, Silvio mio; perchè penso a te, e leggo le tue lettere e le rileggo e ti scrivo, e sento tutta la soave agitazione di quegli affetti che avvivavano la mia gioventù, e che ora consolano raramente la mia vita, perchè ho imparato a forza di sciagure a dissimularli con gli altri, ed a reprimerli dentro di me. Or ti ringrazio, Silvio mio; poichè me gli hai ridestati. Ho ricevute due tue lettere a un tempo, la prima per mezzo di Luigi, l'altra dalla posta; ma scrivi d'ora in poi per via della posta; avremmo meno obbligazioni. "*(Ugo Foscolo, lettera a Silvio Pellico del 1812 dove viene nominato anche Luigi)
[12] Pubblicata in *Rassegna storica del Risorgimento* del 1934, p. 771.

LUIGI PELLICO A STANISLAO MARCHISIO

[Milano, 16 marzo 1809][13]

Quando giunti in Milano, Ugo mi fece leggere la sua traduzione della Chioma di Berenice: non ce ne restava copia, non ne trovai dai diversi librai a cui ne feci ricerca, e non l'ho perciò mai posseduta; né ho pensato che ti fosse ignota, o che potesse destare la tua curiosità, non essendo che una satira obliqua a' pedanti, affastellata di citazioni, dalle quali si libera poi qualche volta per parlare nel suo linguaggio, e quivi solo si riconosce il Foscolo.

LUIGI PELLICO A STANISLAO MARCHISIO

[Milano, 30 giugno 1809][14]

Tempo fa sono stato vari giorni in Pavia da Foscolo; ed ho assistito ad una sua promozione legale per cui fece nell'Aula un discorso : Dei limiti del giusto, col quale venne a distruggere l'opinione di ogni diritto delle genti dalla giustizia universale , e ripone per base di ogni società, di ogni diritto, di ogni ragione la forza.[15]

---

13 Pubblicata parzialmente in *Ugo Foscolo, nel centenario del suo insegnamento all'Università di Pavia, 1809-1909*, scaricato integralmente da:
http://www.archive.org/stream/ugofoscolonelcen00paviuoft/ugofoscolonelc en00paviuoft_djvu.txt
14 Pubblicata parzialmente in *Ugo Foscolo, nel centenario del suo insegnamento all'Università di Pavia*, cit.
15 Lettera autografa di UGO FOSCOLO a Ugo Brunetti; [Pavia], 7 giugno [1809]. Foscolo invia all'amico un emozionato resoconto della sua ultima lezione, tenuta il giorno precedente:"*Lunedì non ti scrissi perch'io dovea preparare la lezione di ieri, ed era l'ultima: ci ho messo dunque più tempo e più amore che nelle altre; e, quantunque non fosse diretta che ad ammaestrare, io non so se pel suo argomento, o pel modo di recitarla, o perché i scolari sapeano ch'era l'ultima e che non mi avrebbero più veduto,*

13

LUIGI PELLICO A STANISLAO MARCHISIO

[Milano, 6 dicembre 1810][16]

Egli [Davide Bertolotti] ti rimetterà un fascicolo degli Annali di Scienze e Lettere in cui vi troverai un articolo mio sopra il Corallo.[17]

---

l'udienza tutta cominciò alla metà ad essere commossa, e la sala, e le finestre erano affollate di volti che ascoltavano con una mesta attenzione, e spesso gli occhi miei incontravano molti occhi pregni di lagrime. La recita durò assai più di un'ora, ed io non ho potuto pronunziare l'ultime pagine senza essere impedito sovente da una commozione comunicatami dagli ascoltanti, e ch'io non poteva reprimere; e il giorno di ieri mi fe quasi dimenticare quello della prolusione. – Ecco, mio caro amico, le memorie che mi resteranno dell'amore con cui ho coltivato gli studi, e li ho diretti in questi pochi mesi all'utile della gioventù e all'onor della patria; memorie che mi compenseranno, almeno in parte, dell'ira della fortuna."

[MUSEO PER LA STORIA DELL'UNIVERSITÀ, PAVIA, Sala Luigi Porta]   CITAZIONE   TRATTA   DA: http://siba.unipv.it/buniversitaria/biblio...alla_mostra.pdf

[16] Le lettere di Luigi Pellico a Stanislao Marchisio erano in possesso ad inizio '900 dello scrittore torinese Giovanni Flechia che ne pubblicò alcuni stralci. Purtroppo da allora se ne sono perse le tracce e non sono riuscita a rintracciarne gli autografi.

[17] Ufficialmente l'articolo era di Foscolo. Il corallo era un poema didascalico dello scrittore Luigi Arici che Luigi Pellico stroncò nel suo articolo.

"Conclusasi l'esperienza pavese, il ritorno a Milano inaugura un biennio fitto di polemiche letterarie e contrasti che conducono alla definitiva rottura di Foscolo con l'ambiente dei letterati milanesi vicini al regime napoleonico. Le lezioni universitarie, seguite con successo da molti giovani, avevano suscitato la diffidenza del potere politico e di quei letterati asserviti al governo (primo fra tutti Vincenzo Monti) che nelle sue lezioni lo scrittore aveva duramente attaccato, anche se in modo indiretto. Foscolo affidò i suoi attacchi polemici agli *"Annali di scienze e lettere"* un giornale diretto da uno scienziato di Parma, Giovanni Rasori e da Michele Leoni, al quale

14

LUIGI PELLICO A GIUSEPPE GRASSI[18]

[Genova, 4 febbraio 1811][19]

Ho ricevuto giorni sono dal comune amico Foscolo l'opuscolo ch'ella ha scritto sul Piemonte. L'ho letto con tutta compiacenza e sono convinto che esso gioverà non poco agli infelici nostri concittadini, ove la a miseria non abbia loro totalmente istupidito l'ingegno.

---

collaborava un gruppo di giovani emuli del poeta, da Pietro Borsieri ai fratelli Luigi e Silvio Pellico. Nella primavera del 1810, dalle pagine del giornale, nell'articolo-recensione alla Traduzione de' due primi canti dell'Odissea di Ippolito Pindemonte, intitolato Sulla traduzione dell'Odissea, Foscolo censurava i traduttori di Omero, da Antonio Maria Salvini a Melchiorre Cesarotti, allo stesso Monti e attaccava velatamente anche molti letterati contemporanei che si riconobbero facilmente nelle allusioni del poeta. Ancora più mordace era il *Ragguaglio di un'adunanza de' Pittagorici*, pubblicato nel giugno del 1810. Gli avversari dello scrittore gli risposero dalle pagine del *"Poligrafo"*, diretto da Luigi Lamberti, dove Urbano Lampredi, letterato e giornalista, pubblicò, nell'estate del 1811, una serie di articoli in cui confutava i contenuti della prolusione pavese; interventi contro Foscolo, spesso animati da Vincenzo Monti, apparvero anche su giornali fedeli alla politica culturale del regime, come il "Corriere delle dame" e il "Corriere milanese". In questo clima, nel dicembre del 1811, l'insuccesso dell'Ajace, rappresentato alla Scala, fu il pretesto per un'ulteriore serie di articoli di Lampredi, pubblicati sul "Poligrafo" contro la tragedia foscoliana, che fu ben presto vietata." (Testo tratto da: http://www.internetculturale.it/opencms/directories/ViaggiNelTesto/foscolo /print/a16.html)
18 *"Luigi Pellico mi scrive sovente da Genova, e mi chiede di voi. Son certo di fargli un gran piacere nel salutarlo per parte vostra."* (Lettera di Ugo Foscolo a Giuseppe Grassi del 16 agosto 1820)
"Luigi Pellico vi saluta da Genova. Silvio non può salutarvi." (Lettera di Giuseppe Grasso ad Ugo Foscolo del 21 marzo 1821, Pellico si trovava in carcere e a questa sua condizione allude il Grassi nella sua lettera)
19 Pubblicata in *Rassegna storica del Risorgimento* del 1934, p. 770.

Il primo istante di libertà a che mi verrà fatto di avere dopo l'arrivo di S. E. {il Grande Scudiere][20] che aspetto a giorni, lo dedicherò per l'annunzio da inserirsi negli Annali di Scienze ed arti, siccome ella desidera.

Oltre al merito della operetta tengo carissimo e quel libro per l'amicizia di cui ella mi accorda con esso il primo pegno, la quale a mi frutterà non poco nella carriera delle lettere da me non so con quanta virtù tentata, e appunto tra breve ardirò per tale oggetto di importunarla.[21]

---

20 Carlo Caprara Montecuccoli in Dizionario Biografico – Treccani
www.treccani.it › Dizionario BiograficoCopia cache
"CAPRARA MONTECUCCOLI, Carlo Insignito delle più alte onorificenze (gran croce dell'Ordine della Corona ferrea, grand'aquila della Legion. d'onore), nominato conte e senatore nel 1809, il C. continuò fino al crollo del Regno nella sua esistenza inutile e fastosa; negli ultimi anni fu suo segretario Luigi Pellico, fratello di Silvio, e la sua casa fu frequentata da Porro e Confalonieri."

[21] Luigi Pellico aveva composto una tragedia che si intitolava "Amore e dovere" su cui voleva avere il parere del Grassi. Questa tragedia viene data per perduta sia da Ilario Rinieri sia da Mario Scotti il che fa pensare che non si trovi tra i manoscritti di Pellico finiti nell'archivio della rivista La Civiltà cattolica. D'altra parte mi riservo di fare ulteriori ricerche per capire se può essere finita tra le carte di Grassi o di Marchisio a cui era stata data in lettura.

Pietro Borsieri.[22]

PIETRO BORSIERI A LUIGI PELLICO[23]

[22]http://www.literary.it/dati/literary/c/contilli/gli_ultimi_mesi_di_vita_dello_sc.html

[23] Pietro Borsieri e Luigi Pellico erano stati legati nel periodo 1808-1809 da un forte legame di amicizia come testimonia la seguente lettera: "*Carissimo — Tu mi raccomandi di passare frequentemente alla posta, ed io vorrei la posta più pronta per ottenere senza indugi le tue lettere. Esse mi sono preziose; io le tengo care quasi come un amante quelle della sua innamorata; quasi con religione io le conservo; simile a que' divoti che custodiscono le lettere di qualche Santo ereditate dai loro Padri. E veramente, se l'amicizia dei giovani non s'avvicina all'amore, e se il loro amore non è una specie di religione, stimo volgare l'una e vilissimo l'altro. Io poi riporrò nell'intimo dell'anima le tue lezioni paterne e gli amorosi tuoi consigli, e senza scusarmi sulla colpa d'impazienza ti risponderò qualche parola circa le mie passioncelle e le speranze d'impieghi; se pure anche in questo l'amor proprio, quell'universale tiranno della nostra ragione, non mi tradisce. Io abborrisco più ch'altri questo stato di languore e d'inedia morale, in cui le rapide ma deboli scosse di passioni passeggere non fanno che eccitarci sol quanto basta a sentire viemmeglio l'oppressione dell'inerzia. Nel segreto de' miei pensieri e nei frequenti soliloqui de' miei passeggi solitari ho, chiamato mille volte la mano di Colui che aggira in un moto perpetuo l'universo, perchè o volesse mutarmi l'anima; o mandasse intorno a me esseri ragionevoli e sensibili che non riducessero la ragione alle mere convenzioni sociali, e la sensibilità ad arte. Quindi le più volte non ho sentito che caldissimamente l'amicizia, quasi nulla l'amore, e nientissimo l'odio. Perchè ho amicizia con que' giovani che ragionano senza sistemi, e sentono senza pensare se convenga o no sentire; ho cominciato ad amare qualche fanciulla fintanto che le illusioni delle quali io l'aveva circondata prima di avvicinarla sparissero inanzi alla realtà. Infelici veramente queste nostre giovinette i di cui sensi sono adulti e potenti mentre il loro cuore è ancora chiuso ed appena si move; le di cui membra sono già violate dagli ardimenti d'uomini stupidi prima che esse*

17

sappiano di avere anche un'anima da consegnare ai loro amatori. E più infelici noi tutti giovani ingenui, che abbiamo quasi disperato di trovare ai nostri amori una nicchia non lorda. — Le arti dell'odio non le conosco, nè temo doverle esercitare giammai; perchè non covando i miei sentimenti ma esalandoli liberamente, e persuadendomi sempre che in una società corrotta l'uomo che ha la bontà negativa comunemente è l'ottimo, mi sono bensì adirato molte volte ma non ho mai tanto prodotto quest'ira ch'essa si tramutasse in odio. Or dunque quali sono queste mie passioncelle di cui tu temi, se in me le sorgenti dell'amore non sono torbide, e quelle dell'odio sono quasi inaridite; e se tutte l'altre passioni derivano dall'amore e dall'odio? Io temo bensì di non avere passioni, e tu m'insegni che questa spaventosa disoccupazione del cuore o fatale non rade volto alla mente. — Nè l'ambizione Di facili speranze il sen m'ingombra, perchè conosco che bisogna essere peggiore di me per riescire un ambizioso fortunato, e perchè l'amore delle lettere mi accende di una fiamma più pura andando alla gloria." (Citazione tratta dall'edizione nazionale delle Opere complete di Ugo Foscolo).

Purtroppo però non è stata rintracciata finora (e anche io non sono riuscita a trovare qualcosa in più rispetto a ciò che è già stato pubblicato) nessuna lettera tra Luigi e Pietro risalente a questo periodo in cui entrambi avevano appena vent'anni e possiamo immaginare che si confidassero progetti, speranze, disillusioni. Vivendo entrambi a Milano molte confidenze se le saranno fatte a voce, ma è comunque strano che non si siano mai scambiati neppure un biglietto o che nessuno dei due abbia mai sentito l'esigenza di mettere su carta qualcosa di più importante su cui chiedere un parere o un consiglio all'amico.

[24] Autografo nell'archivio della rivista "La civiltà cattolica"
Pubblicata in M. Scotti, *Lettere inedite di Pietro Borsieri a Luigi e a Silvio Pellico* in *Giornale storico della letteratura italiana* del 1964, ripubblicata in P. Borsieri, *Avventure letterarie di un giorno e altri scritti editi e inediti*, Milano, Edizioni dell'Ateneo, 1967, pp. 221-222.
Dalla lettera di Michele Leoni, citata in appendice, a Ugo Foscolo si deduce che Luigi Pellico nel gennaio 1815 si trovava ancora a Milano, quindi questa lettera va datata credo intorno al febbraio-marzo del 1815.

Carissimo amico.

Ricevo la tua ultima lettera con quel piacere inaspettato con cui si accoglie una testimonianza d'amicizia. E tu sarai persuaso che, quantunque io ti andassi debitore d'una risposta, il mio pensiero correva a te più volte nella settimana senza sentire il bisogno di veruno eccitamento esterno. Ma per calmare i tuoi dubbj ti dirò che tuo fratello gode buona salute e che ha scritto così a te come alla famiglia. Forse qualche disordine nello spaccio della posta avrà disperse le lettere. Mi piace assai che tu sia in Genova e mi piace più ancora che vi speri un buon posto. La lontananza tra Genova e Milano non è grande, e quando sarai stabilito vengo certo a trovarti, se così piacerà alla imperatrice pecunia.

Io attendo una qualche destinazione , né so quale potrà essere e quando. Ma chi sa se ci riuscirò in tanta moltitudine di aspiranti e in così grande scarsezza di posti! Faccia pure la fortuna alla cui corrente bisogna abbandonarsi; ché il senno umano è scarso, angusta la previdenza e gli eventi infiniti. Però si trova una via di salute ove meno si aspetta.

Scrivimi ti prego un'altra volta e io ti risponderò con più esattezza e diffusione. Di me poche cose posso dirti che tu non sappia. La mia pigrizia la conosci *ab experto*. Se verrà il buon tempo e se non passeggerò troppo tornerò al mio Tasso. Perdendo la tua compagnia ho perduto dieci anni di gioventù, talché mi trovo nell'anima una certa vena d'amaro che può fornire de' colori al pennello poetico. Salutami il carissimo Besta la cui infelicità ci può servire d'esempio non meno che i suoi costumi e il suo coraggio. Io ti lascio per ora, e mi affretto a portare alla posta la presente. Perdonami il disordine con cui ti scrivo, ed imputalo a qualche imbarazzo di cui devo oggi occuparmi appunto a causa d'impiego. Mi pesano tanto gli uffici da farsi su questo proposito che quando me ne vedo occupare il mio spirito è confuso e incapace di ogni menoma cosa. Addio il mio caro Luigi. Quanto buon umore avevi una volta, quante conquiste! Ed ora? Io m'immagino che sarai fortunato come prima e scardasserai la lana genovese.

Addio ancora.

P.S. Sai chi si ricorda affettuosamente di te? Battistino il garzone de' Servi che m'ha pregato se mai ti scrivessi di farti giungere la sua memoria. Povero Signor Pellico, mi diceva la sua partenza è rincresciuta a tutti.

PIETRO BORSIERI A LUIGI PELLICO

[Milano], 9 maggio [1815][25]

Carissimo amico.

Lo stesso giorno ch'io ho ricevuto la tua lettera alla sera ti aveva scritto la mattina; consegnando la lettera al conte Gilberto Arrivabene nostro amico il quale pensava di partire per Genova nella scorsa domenica. Ond'io mi trovai assolto dal rimprovero che mi fai di non scriverti nello stesso momento che mi è giunto. Arriva bene differì poscia la sua partenza, e perciò riceverai prima la presente quantunque all'altra posteriore di cinque giorni. Tu mi fai rabbrividire con quelle meste parole che noi non ci rivedremo forse mai più. Siamo giovani, non maritati, non disperati del tutto, e queste tre qualità mi son pegno di giorno più avventurati nei quali mediante l'onesto esercizio delle nostre forze ci potremo procacciare quell'agiatezza che basti o perché tu venga a Milano o perché io ti raggiunga a Genova a Torino a Firenze e sin oltre la linea se i casi della vita portassero l'amico mio in un altro emisfero. Vero è che per ora io sono a peggior condizione di te. Perché già da due mesi non si percepisce veruna prestazione e corro pericolo così di restare gran tempo senza soccorsi sino a che l'organizzazione si faccia, l'esito della quale è sempre incerto per me. Per me, carissimo Luigi, il quale aborriva ed aborro sempre la tirannide plebea del Gran congiurato contro il genere umano; per me che ho come poteva sempre onorato nel mio cuore le private e le pubbliche virtù al culto delle quali ho scarificato le fredde combinazioni del calcolo e dell'interesse. Ma per riuscire nel mondo bisogna fare l'opposto, e sino ad ora veggo che l'essere rimasto addietro sotto un governo che s'insospettiva dell'onestà, non m'ha giovato a nulla a confronto dei moltissimi che si posero innanzi colla viltà, col ruffianesimo, collo spionaggio, colla loro stessa ignoranza insuperbita per la fortuna. Ché anzi costoro stendono ancora la mano verso

[25] *All'Ornatissimo Signore / Il Signor Luigi Pellico / Genova*
Autografo nell'archivio della rivista "La civiltà cattolica"
Pubblicata in M. Scotti, *Lettere inedite di Pietro Borsieri a Luigi e a Silvio Pellico* in *Giornale storico della letteratura italiana* del 1964, ripubblicata in P. Borsieri, *Avventure letterarie di un giorno e altri scritti editi e inediti*, cit., pp. 222-225.

il timone dello stato; e se non possono afferrarlo in tutto, stanno almeno così vicini a chi lo governa che ne sentono la voce, ne intendono i movimenti e carpiscono agli altri l'occasione di riceverne il cenno. Tu vedi che con questa vecchia allegoria del timone e del pilota io ti fo intendere brevemente tutto il perché del mio stato presente e tutto l'operoso intrigo della togata canaglia. Onde mi vo preparando a ricevere qualunque torto, e desiderio presto d'uscir d'aspettativa per appigliarmi a qualche altra determinazione. Ma lasciando i treni[26] di Geremia veniamo alla tua dimanda dei tre noti opuscoli. Io non posso spedirteli per due ragioni, l'una che erano rarissimi sin da quando circolavano, l'altra che dopo severe ingiunzioni governative ne è stata soppressa più fortemente la circolazione. Tu però perdi pochissimo se non li leggi. *Le notti di Pino* sono una congerie assurda ed inelegante di calunnie nelle quali non saprei dirti se lo scrittore si mostri più maligno o più sfacciato; *Il 20 aprile 1814* è una cara Memoria scritta colla maggiore passione del mondo in difesa di quella buona anima del Senato Consulente nella quale brilla di gran luce l'immensa imbecillità degli uomini di Stato nel Regno d'Italia e la loro santa divozione verso il Principe Viceré; la *Memoria* di Confalonieri è l'unico libretto sensato che smentisce gli altri due per ciò che riguarda Confalonieri, che distrugge l'idea di una fazione cospiratrice, e che raccoglie mediocremente bene i ragionamenti che sulle cose d'Italia si facevano in quell'epoca dalle persone sensate e sincere. Conosco sì bene la tua maniera di pensare che ti do questo giudizio come se fosse tuo quando avessi letto gli opuscoli. Forse Bandini te ne avrà detto altrettanto: dico Bandini il seniore del quale ho ricevuta lettera da Bologna e che oltre all'esperienza ha più talenti e più studj dell'altro. Chi sa quante castronerie ti avrà il juniore cantate sulle sue avventure! Chi sa che la callipigia Silvi e la bellissima Castiglioni[27] non siano state visitate da voi

---

[26] L'edizione a cui ho fatto riferimento porta la parola treni, ma a me è sembrata troppo moderna per il 1815 soprattutto in riferimento ad un personaggio biblico come Geremia.

[27] In un articolo di Carlo Pepoli pubblicato nel 1831 sulla rivista L'esule pubblicata dai liberali italiani che vivevano a Parigi negli anni '30 dell'800 ho trovato citata con ammirazione una Enrichetta Castiglioni, donna di idee liberali che era già defunta all'epoca dell'articolo e ho pensato che potrebbe essere la stessa persona a cui si allude in questa lettera. I numeri dell'Esule sono scaricabili gratuitamente da google libri in pdf.

altri due! Tu mi fai ridere quando trovi indifferente la Castiglioni[28] perché non sei meco. Io non sapeva di avere per te una forza incitativa alla Venere; ma se questo è bisogna riconoscervi un grande miracolo di simpatia. Che voi? A me succede l'opposto. La Pascal[29] che non mi piaceva quando tu la

---

Approfondendo le mie ricerche ho trovato anche questo interessante riferimento: "Tra le vittime illustri di quel periodo è degna di ricordo la nobildonna Enrichetta Castiglioni nata Bossoli, moglie al Casti- glioni, partecipe della congiura del povero Menotti. Essa volle seguire il marito, e mori di cancro nelle carceri dell'Austria." (dal libro di Giovanni Baldi "Storia della rivoluzione italiana" del 1908, scaricabile sempre da google libri).

[28] Ho fatto una ricerca anche nell'epistolario di Foscolo dove però ho trovato solo questo riferimento: *"Castiglioni non permise mai, nè permette oggi che mi sieno consegnate le copie da me pagate; e invece Moscati me ne fece regalare cento. Così chi governa è spesso liberale, e talvolta è poco giusto! Frattanto io posso essere e giusto e liberale; e pagare verso il Ministro del Tesoro un debito che mi pesava sul cuore."* (Lettera di Ugo Foscolo a Vincenzo Monti del 7 marzo 1809)

29 Il Teatro Carcano (1803-1914): glorie artistiche e patriottiche, ...

books.google.itBeniamino Gutierrez - 1916 - 197 pagine - Visualizzazione snippet

E il 6 e il 7 Ottobre due accademie d'arpa della virtuosa Luigia Pascal. ... Nella primavera 1815 venne rappresentato al Carcano, prima che al Teatro alla Scala — dove lo fu il 9 Agosto di quell'anno — il dramma giocoso L'Italiana in Algeri, del ...

Altre edizioni

Musica e spettacolo nel Teatro nuovo di Mantova: 1732-1898

books.google.itPaola Cirani - 2001 - 197 pagine - Visualizzazione snippet

Interprete: Luigia Pascal (arpa e canto), Agostino Belloli (corno da caccia). «Giornale del Dipartimento del Mincio», 9 aprile 1814 ... «Giornale del Dipartimento Del Mincio», 4 gennaio 1815. 1814-1815, carnevale. Il Re Teodoro in Venezia

Credo che la Pascal a cui fa riferimento Borsieri sia questa Luigia Pascal che risulta essersi esibita sia al teatro Carcano di Milano sia nel Teatro

portavi al cielo, ora che sei lontano, perché mi richiama il tuo entusiasmo e il tuo brio giovenile, mi piace assai; mi piace insomma perché ti piaceva. Non so se tu sai, che è maritata con un ingegnere di Varese ricco e stabilito in Milano.
Ringraziami dunque: ch'io ti do ben altre notizie che quelle di due mime. Tuo fratello ti scrive anch'esso col mezzo di Arrivabene. Noi siamo amicissimi e se quel tuo zio vecchio abate non moriva, questo era il tempo d'andarlo a trovare Oh sacre solitudine oh ritiri! Un posto di tutta pace, un bel refettorio! Addio. Scrivimi presto e se hai buone nuove dammele prontamente. .

Il tuo Piero

P.S. tutti di casa mia sono grati alla tua memoria e ti risalutano.

PIETRO BORSIERI A LUIGI PELLICO

[Milano], 9 giugno 1817[30]

Carissimo Amico.

Due righe in fretta in fretta per dirti che io t'amo, che sono sano di corpo e malato di cuore e di spirito, e che ti ringrazio dell'ultima tua lunga lettera. Con che piacere verrei a Genova! Quante cose dovrei dirti! Quante sentirne da te! Tu ora sarai affaccendato più che mai. Tra sua Maestà e sua Eccellenza, il povero Segretario dovrà menar molto la penna e le gambe.[31] Almeno questo gran movimento ti portasse innanzi. So che ti sei lagnato

---

nuovo di Mantova, anche se più che un'attrice era una musicista.

[30] Autografo nell'archivio della rivista "La civiltà cattolica" Pubblicata in M. Scotti, *Lettere inedite di Pietro Borsieri a Luigi e a Silvio Pellico* in *Giornale storico della letteratura italiana* del 1964, ripubblicata in P. Borsieri, *Avventure letterarie di un giorno e altri scritti editi e inediti*, Milano, Edizioni dell'Ateneo, 1967.

[31] Io credo che Borsieri si riferiva al fatto che Luigi aveva il doppio incarico di segretario del conte Thaon Di Revel e di segretario del Governo della Divisione di Genova, purtroppo perderà questo secondo incarico dopo la condanna di Silvio.

ch'io abbia scritto a Del Negro sugli *Improvvisi* di Sgricci[32] e a te non ne abbia scritto una sillaba. Ma per tua regola, io sapeva che tu lo avresti giudicato a dovere per te stesso, e non curava abbastanza questo *Ercoluccio* del Parnaso per occuparmene con te. Ho dovuto farlo all'opposto con Del Negro per l'espressa commissione che me ne ha data. E vuoi di più? Coll'ultimo spaccio di posta ho ricevuto da lui la nuova e distinta relazione degli improvvisi fatti in Genova, e con questo ordinario medesimo io gli ho mandata la mia seconda in cambio. Qui abbiamo sul tappeto un giornale da farsi, ideato da me, e di carattere affatto nuovo. Ma non so se ci riusciremo. Tanti sono gli intoppi che si oppongono al bene, che è quasi miracolo se si può compiere anche la piccolissima intrapresa di un Giornale. Così va il mondo, e noi andiamo con lui. Addio.

Il tuo B.

p.s. Tu m'infilzi una tale *Eleissone* di titoli che mi spaventi coll'indirizzo delle tue lettere, se anche d'ora in avanti vuoi nobilitarmi con più semplicità scrivi come segue:

Al nobil uomo Signor Pietro Borsieri
Impiegato presso il Tribunale d'Appello

PIETRO BORSIERI A LUIGI PELLICO

Milano, 23 maggio 1818[33]

---

[32] Tommaso Sgricci era un poeta che apparteneva ad un genere all'epoca molto diffuso, quello degli improvvisatori che sapevano comporre versi a richiesta nei salotti o in altre occasioni pubbliche, versi dedicati a momenti e persone particolari, ma anche a fatti storici. Alcuni di questi improvvisatori erano capaci di comporre e recitare, senza un lavoro preliminare di stesura, un'intera tragedia. Sgricci era coetaneo dei fratelli Pellico, essendo nato nel 1789 a Castiglion Fiorentino. I suoi versi piacevano al Monti, che però ne censurava i comportamenti privati, molto meno a Borsieri e a Pellico. Su di lui ho trovato questa biografia non convenzionale che parla anche della sua omosessualità: http://www.giovannidallorto.com/biografie/sgricci/sgricci.html
[33] Autografo nell'archivio della rivista "La civiltà cattolica".

24

A te, mio Carissimo, che tieni serbato sempre pel tuo Borsieri una verace e calda amicizia scrivo con esultanza la notizia del nuovo collocamento di mio padre nel posto di Consigliere D'Appello. Il soldo è un po' minore del primo, la carica però è ora assai più importante che prima non era. Dopo tre anni di penosa aspettazione vedo finalmente cangiarsi lo stato di tutta la mia famiglia i cui mali erano i miei. Sono ora più libero e potrò quando che sia disporre di me. Mi consola il pensare che se per serbarmi indipendente e per non perdere affatto la mente e l'animo fosse mai necessario ch'io rinunciassi all'impiego o ne prendessi uno meno lucroso, potrò d'ora innanzi eleggere una libera vita a patto d'esser più povero senza nuocere a' miei cari. Mi arresto anche dolcemente sul pensiero che non mi mancheranno i mezzi per venirti a trovare, e col proponimento di trarre ad effetto questo disegno appena potrò. Ti saluto, ti risaluto, ti bacio, e ti confermo l'inalterabile amicizia del compagno de' tuoi bei giorni.

P. Borsieri

PIETRO BORSIERI A LUIGI PELLICO

Milano, 23 settembre 1820[34]

Mio caro Pellico.

L'ultima tua lettera mi è stata veramente carissima perché mi ha pienamente assicurato che tu sei pur sempre lo stesso, e che noi procediamo con passo armonioso nel duro cammino a noi destinato. *L'armonia prestabilita* di

---

Pubblicata in M. Scotti, *Lettere inedite di Pietro Borsieri a Luigi e a Silvio Pellico* in *Giornale storico della letteratura italiana* del 1964, ripubblicata in P. Borsieri, *Avventure letterarie di un giorno e altri scritti editi e inediti, cit.*, p. 229.

[34] Autografo nell'archivio della rivista "La civiltà cattolica".
Pubblicata in M. Scotti, *Lettere inedite di Pietro Borsieri a Luigi e a Silvio Pellico* in *Giornale storico della letteratura italiana* del 1964, ripubblicata in P. Borsieri, *Avventure letterarie di un giorno e altri scritti editi e inediti, cit.*,

Leibniz, che non esiste tra l'animo e il corpo, io credo che invece esista tra uomo e uomo: non v'è che la differenza de' luoghi e delle circostanze che possa dare a te e ad me un differente corso di idee; ma collocati entrambi nella stessa posizione, noi saremmo due orologi perfettissimi: chi volesse conoscere l'ora e il minuto della mia vita morale guarderebbe la tua mostra; e chi volesse conoscere la tua, potrebbe indifferentemente guardare la mia. – Io non ti fo colpa del riscontro da te ritardato sulle mie osservazioni; solo mi premeva di sapere se le avevi ricevute; perché il riceverle in silenzio sarebbe stato un disaggredirle,[35] e questo pensiero mi disturbava. Prosegui il lavoro ben cominciato della tua *Vigilia*, ma lascia quella parolaccia statuto che non tanto è italiana quanto municipale, e denota propriamente parlando le consuetudini parziali e i regolamenti di ciascuna città. Il progresso fatto dalla legislazione ha proscritto gli Statuti: i progressi della critica e del gusto debbono proscrivere l'uso d'ogni vocabolo che non denota precisamente l'idea da esprimersi, fosse questo vocabolo il primogenito della lingua italiana, quello che verso il mille e cento sarà stato pronunziato la prima volta in Toscana, come vuole la Crusca, od a Napoli come vuole Perticari, senza le desinenze in us ed in um. Tale è la mia opinione, tale è quella di tuo fratello, tale era pure quella di un uomo che abbiamo tutti amato, che doveva formare il centro della nostra comune esistenza; e che abbiamo troppo dolorosamente perduto![36]

Tuo fratello trovasi ora a Ponte Lago Scuro nella barca a vapore, come il pota Orfeo sulla nave Argo. Forse ritornerà presto o forse dovrà prima fare un altro viaggio a Venezia. Intanto egli mi scrive di compire in sua vece la commissione che gli hai data di provvedere pel Conte Balbo la collezione in 16 o 18 volumetti de' Poeti Tedeschi. Mi sono recato da Giegler. Questa

---

[35] Borsieri usa un termine non più in uso nell'italiano, oggi diremmo "sgradirle, non apprezzarle".

[36] Borsieri dovrebbe riferirsi allo scrittore torinese Ludovico Di Breme, anima insieme a Pellico della rivista *Il Conciliatore*, morto a Torino il 15 agosto del 1820. Il riferimento al Perticari è coerente con le critiche ai puristi fatte dai romantici italiani che vedevano la lingua come una realtà in evoluzione a livello lessicale. D'altra parte l'uso del termine Statuto nel significato di Costituzione era ancora in uso negli anni '40 dell'800 come dimostra il fatto che la costituzione concessa da Carlo Alberto era anche definita "Statuto albertino".

non è una collezione che resti completa in 16 o 18 volumi: è una serie de' poeti classici Tedeschi ciascuno de' quali si vende anche separatamente. La intera serie consta di oltre 30 volumetti: il prezzo inalterabile è di tre franchi per volumetto. Prima di prenderne 16 o 18 alla ventura, ho stimato opportuno scriverti questi particolari perché tu rilevi dal conte Balbo quali siano precisamente i poeti e quanti i volumi di cui vuole far acquisto.

La mia famiglia ti fa mille saluti: la signora Origoni recò ultimamente le tue nuove. E la divina Amalia[37] è ella ancora in Genova? [E' cosa ben curiosa che tu ti sia innamorato di lei per far onore alla raccomandazione di tuo fratello!] Per salvare il tuo cuore, e fors'anche la tua borsa, io fo giuramento di raccomandarti solamente degli uomini passabilmente stoici.[38] Addio.

Il tuo P.

P.S. A proposito : raccomando alla tua amicizia di non darmi lauti titoli così insignificanti all'indirizzo delle lettere che mi scrivi. Io sono il Signor Pietro Borsieri: quando mi rammento il titolo dell'impiego mi par proprio di ricevere uno schiaffo. Tu forse non sai ch'io non amo né i Tribunali né i protocolli; e che mi trovo in una carriera alla quale con mia rabbia mi tiene stretto la mano ferrea e prepotente della necessità.

PIETRO BORSIERI A LUIGI PELLICO

---

[37] Considerando la passione per il teatro e per le attrici dei fratelli Pellico e di Borsieri io ho pensato che l'Amalia citata da Borsieri sia l'attrice Amalia Bettini, ma il passo è breve e generico e quindi è solo un'ipotesi.

[38] Questa frase di Borsieri richiama quello che scrive scherzosamente Silvio Pellico in una lettera al fratello Luigi in cui gli racconta che la debolezza della sua salute lo aiuta a tenere un comportamento più controllato e più adeguato al suo ruolo di precettore dei bambini del conte Porro, per cui, considerando i progetti teatrali dei fratelli Pellico e di Borsieri e i frequenti riferimenti di quest'ultimo nelle poche lettere giunte fino a noi a attrici e musiciste più o meno note si può pensare che una di loro sia stata anche tra i primi amori dei fratelli Pellico. Non sono certa tuttavia di aver compreso bene l'allusione di Borsieri perché scrive, infatti, "uomini passabilmente stoici" e non si limita a scrivere uomini?

Milano, 19 novembre 1820[39]

Caro Luigi,

Per istraordinaria combinazione di circostanze, la mia assenza da Milano è stata assai più lunga di quello ch'io aveva divisato. Puoi immaginarti se, avendo sentito da lontano l'infausto rumore della disgrazia di Silvio, io ne sia stato conturbato; e sebbene io conoscessi abbastanza il buon giudizio ed il carattere di lui, non poteva però a meno di palpitare sul dubbio che le esagerazioni che si spandevano avessero qualche cosa di vero. Appena giunto, il 18 corrente al dopopranzo, trovai la tua lettera e per soddisfare così a me come a te, corsi in traccia di quanti supponeva essere in grado di darmi qualche esatta notizia. Lode al cielo, le cose non sono come la fantasia e l'amore me le aveva dipinte. Tuo fratello ha avuto la mala ventura di conoscere davvicino certo Maroncelli, che era persona sospetta al Governo. Costui doveva recarsi a Genova e cercò da tuo fratello, ed ottenne, una commendatizia per sé. Arrestato prima della sua partenza, o ha menzionato Silvio negli esami, o veramente non ha chiarito le sue relazioni con lui. Il rinvenimento della commendatizia, qualche soverchia libertà usata in altri carteggi, e più che tutto l'avidità con cui lo spirito inquisitorio coglie ogni menomo filo che si presenti, colla speranza di avverare qualche sospetto e di scoprire un'intera orditura, sono a mio credere le cagioni che hanno prodotto l'arresto di Silvio. Ieri mio Padre ha parlato di lui con un Magistrato, nelle cui mani passano queste specie di affari. Egli si è sul conto di tuo fratello espresso in questi precisi termini: « Non si tratta che d'imprudenze, ma però temo forte che dopo la sua liberazione il signor Pellico non potrà più rimanere negli Stati Austriaci. Peccato! perchè è veramente un bravo soggetto, e in questo incontro si è avuto occasione di conoscerlo ancor meglio che prima. » Io me lo era già immaginato. Silvio ha un animo così alto, così nobile, una mente così bella, un tratto

---

[39] Autografo nell'archivio della rivista "La civiltà cattolica".
Pubblicata in M. Scotti, *Lettere inedite di Pietro Borsieri a Luigi e a Silvio Pellico* in *Giornale storico della letteratura italiana* del 1964, ripubblicata in P. Borsieri, *Avventure letterarie di un giorno e altri scritti editi e inediti, cit.,*

28

ed una fisonomia cosi degni di quell'animo, che anche i Minossi debbono imparare ad amarlo, e ad onorare in lui tutta la dignità della virtù, nell'istante medesimo in cui ricercano il delitto.
Ti ringrazio di avermi fatto far conoscenza con d'Avalos. Egli ti risaluta cordialissimamente e mi commette di dirti, che la Marchesa non ha mancato di fare a prò di tuo fratello tutti i passi possibili, e che non mancherà di farli in avvenire. Se la di lui liberazione va per le lunghe, se ne deve imputare il motivo alla trasmissione della Procedura a Vienna. Questa trasmissione non sarebbe stata necessaria, se si fosse trattato unicamente di Silvio; ma il trovarsi implicato nella procedura di Maroncelli rende in questo supposto indivisa la di lui condizione da quella di quest'ultimo. Questa però è una congettura, ed io te la do come tale per ispiegare in qualche modo la continuata detenzione del povero Silvio e l'assoluta certezza in cui siamo ch'egli non può pericolare.[40]
Addio, amami e credimi il tuo affezionatissimo
Borsieri.

P.S. Per essere certo che questa lettera ti arrivi mi prevalgo dell'amicizia di Prié[41] il quale parte sabato per il Piemonte. Pensava di ricorrere a Bonamico,[42] ma mi si è detto che sia meglio non prevalersene.

---

[40] E' interessante il fatto che questa lettera sia stata pubblicata per la prima nel 1855 all'interno della rivista La civiltà cattolica che voleva dimostrare come Pellico fosse stato "rovinato" da Maroncelli, ma non avesse nessuna colpa. Essendo stata pubblicata con l'indicazione A.B a Silvio Pellico è normale che all'epoca in cui venne ritrovato l'autografo da Mario Scotti fosse ritenuta inedita. Non so a cosa si riferisca l'abbreviazione A. B. B. puntato potrebbe stare per Borsieri, ma perché A. se Borsieri si chiamava Pietro anche nei documenti ufficiali?
[41] Prié dovrebbe essere il marchese torinese Demetrio Turinetti di Prié che risulta citato anche nei costituti di Federico Confalonieri e che per le sue idee liberali avrebbe portato a destinazione la lettera di Borsieri. Purtroppo anche il marchese fu poi costretto a fuggire in Belgio per il suo coinvolgimento nella rivoluzione piemontese del 1821 che gli era costato una condanna a morte in effigie. Era anche egli coetaneo dei fratelli Pellico, essendo nato nel 1789.

LUIGI PELLICO A UGO FOSCOLO

Torino, 11 giugno 1821[43]

Ugo mio carissimo,
Malgrado la lontananza, e il tempo che fra la nostra separazione si dilata, io non cesso di amarvi; e mi confido che neppur voi non cesserete di serbare per me quell'antica benevolenza, di cui i molti tratti mi stanno impressi nell'animo, e mi legano di viva riconoscenza, Mi vien detto che voi costà vivete deliziosamente; ed io me ne congratulo, non senza desiderare che poniate mente all'avvenire, all'Italia ed alla gloria vostra. Suppongo e spero che avrete dato alla luce, o sarete per pubblicare il Carme alle Grazie, o qualche altra opera di solido valore, Io vi supplico di farmi pervenire ciò che in italiano esce dalla vostra penna. — Le lettere o pacchi che foste per inviarmi, indirizzateli al signor cavaliere Antonio Nomis di Pollone — Torino, — e favorite di raccomandarne la spedizione al fratello di esso cavaliere, il signor conte di Pollone, nostro incaricato d'affari in cotesta città.
Saprete che l'infelice nostro Silvio geme tuttora nelle prigioni austriache a Venezia, e sa Iddio quando verrà il dì della sua liberazione! intanto sono trascorsi otto mesi dacchè ebbe luogo la sua e nostra disgrazia. — Voi che conoscete persone distinte a Venezia, abbiate la bontà di scegliere tra le medesime qualcuna, e raccomandarle Silvio, ove mai gli si conceda di comunicare con gente estranea alla Polizia. Noi riceviamo di lui rarissime e indirette notizie.
Vostro fratello scriveva in febbrajo da Möor in Ungheria a Silvio, e la lettera mi è ora capitata. Supponendo che in tanta distanza di luogo poco saprete di lui, io mi ascrivo a dovere di farvi noto ciò che nell'anzidetta

---

[42] Bonamico è Ludovico Bonamico console del regno di Sardegna a Milano che probabilmente per il suo ruolo ufficiale preferiva non compromettersi.
[43] Autografo nella Biblioteca Labronica di Livorno. Pubblicata in:
http://www.bibliotecaitaliana.it/xtf/view?docId=bibit001293/bibit001293.x ml&doc.view=content&chunk.id=d109e12397&toc.depth=100&brand=defa ult&anchor.id=0

lettera si riferisce alla sua persona. «Da che ti lasciai, egli scrive, fui sempre in Ungheria nel Reggimento italiano, dove onorato nome e lusinghiero amore da ognuno mi si sono stabiliti. All'occasione del campo, presentai all'imperatore e a tutto il suo seguito otto uomini del mio squadrone, i quali eseguirono diverse cose di fina equitazione combinate con dei colpi di sciabola, che piacquero a S. M. e attirarono l'ammirazione di tutti gli astanti. Contento del resultato felice delle mie fatiche, aspetto tranquillamente il favore della fortuna, la quale essendo donna, non mi illude più come nel passato. Tutti i miei desiderj si limitano al piacere dolce di passare il resto della mia gioventù in Italia, per essere fra gli amici carissimi che ha scelto il mio cuore; ma come mai potrò soddisfare sì fatto desiderio, con la ferma volontà d'incanutire sotto le armi? Dio, a cui spesso rivolgo le mie preci, e da cui in ogni istante della vita ricevo incontrastabili prove dell'amor suo per me, Dio provvederà all'intera mia felicità. Il tempo che mi avanza, l'occupo studiando l'arte della guerra, arte dalla quale aspetto la gloriosa mia fama; se morte non troncherà anzi tempo il filo da cui pende la mia vita, sicuramente il mio partito è irrevocabilmente stabilito: la guerra sola m'è necessaria.»
Io sono da poco tempo a questa parte in Torino, e finché il nuovo se non venga nella sua capitale (che a buon dritto Alfieri chiamava microscopica), io sono segretario del luogotenente generale di S. M.
Non vi parlo delle recenti sciagure della nostra Patria, né delle vittime che or gemono profughe in estere contrade: argomento di dolore, e da non trattarsi per via di lettere. [44]

---

[44] "*Anche Pellico, l'autore della Francesca da Rimini, è in prigione, e mio fratello è in Ungheria. Eppure avrei dato la vita perchè gli affari d'Italia fossero giunti al punto in cui oggi si trovano; non ch'io speri vederla liberata dalla tirannide, ma perchè è sempre qualcosa il cancellar l'ignominia della servitù volontaria. Peraltro non spero molto; perchè le rivoluzioni non riescono se non si cambiano i costumi di tutta la Nazione, e non si offendono gl'interessi de' preti e de' ricchi, che hanno in governo l'immaginazione e il ventre del popolo.*" (Ugo Foscolo, lettera a lady Dacre del 29 marzo 1821, Foscolo che viveva in Inghilterra e si sentiva più libero di esprimersi per lettera rispetto ai suoi corrispondenti nel seguito di questa missiva di cui io ho trascritto un frammento fa un quadro piuttosto pessimista della situazione italiana)

Vi saluto di tutto cuore. Grassi sta bene ed è in Torino; egli mi commette di porgervi co' miei i suoi saluti. Addio.

Il vostro Luigi Pellico

Quirina Mocenni Magiotti in un ritratto del 1813[45]

[45] http://www.sanleolinodibucine.it/MagiottiFoscolo.aspx

LUIGI PELLICO A QUIRINA MOCENNI MAGIOTTI

[Torino, 29 settembre 1821][46]

Le lettere di Silvio sono più chiare e proprie a rassicurarvi sulla sua sorte: esse danno a capire che è bensì incerta l'epoca della liberazione di lui, ma che non v'ha altro a temere, la qual cosa nei presenti termini è consolante, poiché quando le passioni tengono imprigionata la bilancia della giustizia, la sola innocenza non basta e ci vuol anche l'aiuto della fortuna.

L'affettuosa premura che dimostrate per il carissimo mio fratello aggiunge un nuovo vincolo alle obbligazioni che vi professo, e la lettera che vi è piaciuto di scrivermi mi ha provato che siete sempre quell'ottima Quirina ch'io imparai ad apprezzare coi più candidi sentimenti.

Sr avrò altre notizie di Silvio nostro mi recherò a ben gradito debito il comunicarvele, pago oltremodo d'aver un'occasione di essere in corrispondenza con una Persona di cui non potrò mai scordare i favori e le bellissime doti.

Qualora mi scriviate coll'indirizzo a Torino ponete il solo nome e cognome sulla mansione della lettera, perché il Re arriva e quindi cessa la [carriera] del Luogotenente generale di S.M. e quindi termina la mia commissione, e ignoro ancora se tornerò a Genova, o dove troverò ad essermi. Ovunque però sia, la più dolce memoria di voi sarà sempre meco. Vi riverisco e baciandovi la mano mi protesto

Il vostro servo e gratissimo amico
Luigi Pellico

Torino, 29 Settembre 1821

---

[46] Inedita. L'autografo si trova nel fondo Diego Martelli (Manoscritti D36) e si colloca tra il primo e il secondo grado del processo Pellico-Maroncelli, tra la prima sentenza dell'agosto 1821 e la seconda dell'ottobre 1821 che avevano proposto la condanna a morte per Pellico, non si comprende quindi (o almeno io non sono riuscita a capire) su quali basi poggiasse la fiducia di Luigi che il fratello potesse essere liberato. Credo infine che la lettera sia incompleta e che manchino le prime due pagine.

ALESSANDRO MANZONI A LUIGI PELLICO

Milano, 9 9.bre 1823[47]

Pregiatissimo Signore,
Non so in che termini rispondere alla cortesissima lettera colla quale Ella
vuol pure far meco scusa di cosa per la quale io Le debbo ringraziamenti.
Anticiparmi la lettura d'una sua nuova commedia era dalla parte sua una
degnazione e un favore: l'essermene privato è stato per me un sagrificio. Ma
ella mi aveva imposta una condizione impossibile, ch'io avessi a portare un
giudizio; al che, per buona sorte mia e d'altrui, la mia ripugnanza è pari alla
incapacità. Non ch'io non sappia a un bisogno lanciare anch'io risolutamente
le mie sentenze, e far l'uomo addosso alle cose altrui; ma in voce, e con
amici vecchi coi quali ormai non debbo più aver paura di dire ciò che alla
prima osservazione sarò obbligato di ritrattare, coi quali posso farmi lecito
di dare dubbii invece di soluzioni, e di mettere in campo le idee come mi
vengono, mozze e imperfette, perchè dalle repliche ricevano poi un tal quale
compimento, o sieno chiarite per ispropositi, coi quali insomma il mio
discorso può camminare a tentone, a balzi, a precipizio, innanzi e indietro;
chè tale è il suo andare. Or veda se questo sia modo di procedere in iscritto,
e con Lei.
Mi lasci ella dunque il piacere di gustare le sue composizioni in istampa,
netto dall'obbligo di allacciarmi una giornea che non mi saprei manco
mettere in dosso; e diffalcando, come è giusto, dall'eccedente buon concetto
ch'Ella si degna manifestarmi di me, voglia però mantenermi la preziosa
benevolenza che v'è unita, e che, sebbene egualmente non meritata, posso
pure più ragionevolmente desiderare.
E col più distinto rispetto ho l'onore di rassegnarmele
[Alessandro Manzoni]

---

[47] Pubblicata in:
http://www.bibliotecaitaliana.it/xtf/view?docId=bibit000303/bibit000303.x
ml&doc.view=print&chunk.id=0&toc.depth=1&toc.id=0

LUIGI PELLICO A QUIRINA MOCENNI MAGIOTTI

[Torino, 26 aprile 1830][48]

Pregiatissima Signora,

La gratitudine che a V. S. professo per gli amabili tratti della benevolenza onde un tempo Le piacque di farmi lieto, si accresce per la bontà ch'Ella dimostra verso lo sventurato Silvio, il quale è rinchiuso tuttora nello Spielberg, castello che sta a cavaliere alla città di Brünn in Moravia. Dacchè egli fu nel 22. colà trasferito più non potè corrispondere con alcuno e le rarissime e laconiche notizie che riceviamo della salute di lui ci vengono date dal Ministro Austriaco qui residente.

Le ultime di un mese fa sono alquanto meno affliggenti del solito. Silvio era stato assicurato, e gli si concesse di significarci da Venezia, che i quindici anni di prigionia a cui fu condannato si riduceano alla metà, stante una legge di Giuseppe II, mercè della quale i giorni di carcere si computano di sole dodici ore ai delinquenti politici. Fummo tenuti in questa credenza finchè giunsero a termine nello scorso agosto i sette anni e mezzo dopo la data della Sentenza (e già Silvio avea circa due anni prima perduta la libertà).

Ora ci si dice che l'applicazione di quella legge dipende da una speciale grazia, cui abbiamo finora implorata invano, ma che speriam pur di ottenere dal clementissimo Imperatore.

Ignoro se gli sia lecito di leggere e di scrivere, la qual cosa non era vietata durante il suo processo. Infatti compose nel 21. due tragedie e quattro cantici ovvero novelle in versi, di cui Le feci altra volta menzione. Questo librajo e tipografo Giuseppe Pomba le comprerebbe al prezzo di cinquemila franchi, e imprenderebbe a stamparle, se gli riuscisse di trovare 2000 associati che pagassero i 2 tomi tre franchi l'uno, a mio padre serberebbe tal peculio per rimetterlo all'autore, tosto ch'ei fosse renduto alla vita civile. Il relativo Programma è giunto a Firenze.

Ho l'onore di protestarmi ossequiosamente

[48] Autografo nella Biblioteca Marucelliana di Firenze. Pubblicata in:
http://www.consiglio.regione.toscana.it/upload/eda/pubblicazioni/pub3977.pdf

Di V. S. Pregiatissima
Umilissimo Obbed.mo e Obblig.mo
Servitore
Luigi Pellico

Torino, 26 aprile 1830.

LUIGI PELLICO A QUIRINA MOCENNI MAGIOTTI

[Torino, 20 settembre 1830][49]

Il.ma Signora, Padrona mia Colend.ma
Per corrispondere al buon cuore di V. S., mi reco a dovere d'annunziarle
che Silvio si è finalmente restituito alla casa paterna. Arrivò venerdì sera,
17. Il Motu-proprio Imperiale che gli rese la libertà è del 26. luglio.
Al 1°. di agosto uscì dall'orribile Spielberg con due altri graziati. Non è a
dire quanto sofferse; tuttavia è meno distrutto di quello che si potea temere:
il coraggio lo sostenne. Lo scrivere non gli era conceduto, ed egli avvezzò
la memoria a ritenere i versi che la sua Musa talvolta gli dettava; giunse così
a comporre una tragedia e alcuni poemetti che ora sta mettendo in carta. Ei
m'incarica di porgerle affettuosi e riconoscenti saluti.
Qui dovrei terminare, ma oso prevalermi dell'occasione e della bontà di V.
S. Gentil.ma per pregarla di un favore, ed è di chiedere all'Ill.mo Sig.
Avvocato Parattoni Segretario di cotesta Società Filodrammatica, ove sia di
Sua Conoscenza, oppure di fargli chiedere, se ha ricevuto la Gazzetta che
gli mandai; essa fu data al Principe di S.ta Croce, giovine uffiziale, che
promise di lasciarla nel Gabinetto Letterario del sig. Vieusseux onde fosse
recapitata.
Ho l'onore di protestarmi Di V. S.
Umil.mo Devot.mo e Obblig.mo
Servitore

---

[49] Autografo nella Biblioteca Marucelliana di Firenze. Pubblicata in:
http://www.consiglio.regione.toscana.it/upload/eda/pubblicazioni/pub3977.
pdf

Luigi Pellico

Torino, 20. Sett.e 1830

SCHEDE BIOGRAFICHE DEI CORRISPONDENTI:

PIETRO BORSIERI (1788-1852)

Nato a Milano il 16 apr. 1788 da Vincenzo e Isabella Fontana (la famiglia era originaria del Trentino; il nonno paterno fu il celebre medico Giambattista), compì gli studi di legge a Pavia, addottorandosi nel 1808 con una tesi su Alessandro Turamini, autore di un incompiuto trattato sul cambio. Il B. si proponeva di mostrare agli stranieri quanto fosse stato e fosse continuo in Italia lo studio del diritto considerato in relazione alla politica e alla filosofia. Questo lavoro fu pubblicato (*Discorso su la vita e gli scritti di A. Turamini...*, Milano 1808) e fece concepire al Foscolo buone speranze su di lui.

Molto fascino aveva esercitato su di lui, durante gli studi universitari, Gian Domenico Romagnosi, in difesa del quale, ancora studente, aveva polemizzato contro il prete francese Amato Guillon, redattore letterario del Giornale italiano, che aveva attaccato il discorso del Romagnosi intorno al quesito "Quale sia il governo più adatto a perfezionare la legislazione civile". Alla risposta del Guillon il B. fece seguire un nuovo libello, in cui prendeva le difese del Foscolo, i cui Sepolcri erano stati censurati dal maldestro critico. In questi scritti rivelava brillanti doti di polemista sottile e sferzante, la cui arma principale era l'ironia.

Venuto a stabilirsi a Milano, ottenne un posto, nei primi tempi non retribuito, alla segreteria del ministero della Guerra, ma, caduto nel 1814 il Regno d'Italia, perse questa sistemazione. Più tardi riuscì a collocarsi come protocollista presso il tribunale: l'impiego lo teneva occupato l'intera giornata, vietandogli il lavoro letterario. Pure in questi anni, a Milano, conobbe il periodo più fervido della sua vita: entrò in amicizia col Foscolo, col Monti, con Luigi e Silvio Pellico, con Ludovico di Breme e con tutti gli scrittori che frequentavano casa Porro e che collaboreranno poi al Conciliatore.

Nel 1810 negli Annali di scienze e lettere (I, pp. 415-426) apparve l'articolo Sui versi di C. Arici in morte di G. Trenti, che, di ispirazione foscoliana, fu sicuramente scritto dal B. (il quale in una lettera a C. Ugoni del 6 marzo 1838 confessava: "Un altro articolo mio, quello sui versi per Trenti del nostro Arici, so che è stato stampato fra le cose del Foscolo... L'articolo su Trenti... io scrissi appena scappato dall'Università, ed ignorando in buona parte l'esistenza d'altre cose migliori d'Arici"). In questo articolo, in cui si rimprovera all'Arici di essersi vestito di panni altrui "dalla testa fino ai piedi", si incontra una notevole considerazione di gusto romantico sull'arte: è necessario che lo scrittore scelga "uno stato d'animo corrispondente alla tempera del proprio cuore e alle forze del proprio ingegno"; da questa scelta dipende "assai volte" la riuscita triste o felice di una opera. Da questo scritto prese spunto il Monti, lodatore dei versi dell'Arici, per rompere con il Foscolo. Anche al B. alcuni attribuiscono l'articolo Sopra il "Corallo" di Cesare Arici, che invece è di Luigi Pellico.

Per il ritorno degli Austriaci il B. compose tre sonetti encomiastici, forse partecipando alla illusione di alcuni patrioti che da questo governo dovesse nascere un qualche bene. Nel 1815, rappresentata trionfalmente la Francesca da Rimini di Silvio Pellico, il B. preparò un articolo destinato al Corriere milanese;ma il Pezzi, direttore del giornale, non amava che si inserissero critiche non sue: lo stesso Pellico pregò l'amico di non insistere (lettera di Silvio Pellico al fratello Luigi del 30 ag. 1815).

Verso la fine del 1815, quando si preparava la Biblioteca italiana, alla cui direzione erano Monti, Breislak, Acerbi, il B. fu invitato a scrivere un prospetto della letteratura italiana.

Di questo articolo avevamo notizie finora soltanto da una lettera del Pellico (al fratello Luigi: 11 dic. 1815), perché esso, per gli spiriti liberali da cui era animato e per alcune punte polemiche contro il Poligrafo e contro Giovanni Paradisi, mise a disagio i compilatori della rivista e non fu pubblicato, restando in bozze di stampa fra le carte Acerbi (ha visto la luce recentemente, nel 1967, nell'edizione degli scritti del B. curata da G. Alessandrini). È certamente uno scritto di molta importanza nella storia della nostra polemica romantica. La tesi centrale è quella della mancanza di una cultura moderna in Italia, una cultura che non fosse sterile vanto delle glorie passate, ma riconoscimento dei difetti e dell'angustia del municipalismo, dell'accademismo, della sterile lotta fra diverse scuole. I sommi ingegni sono un fatto di natura; da soli non fanno la cultura di un popolo, la quale ha bisogno di quella "quasi invisibile cattedra d'intelligenza e di idee" che congiunge "la moltitudine che impara col genio che crea". Gli inizi dell'Ottocento, che vedono tutta l'Europa percorsa da un fervido scambio di idee, trovano l'Italia esclusa da questo commercio. Da noi mancano giornali adeguati, che proseguano l'opera svolta nel passato da quelli dello Zeno, del Lami, del Baretti e dal Caffè; non vi sono buoni commenti dei classici, né una storia della filosofia che non sia vuota declamazione, né storiografia politica e letteraria, letteratura narrativa, ricerche morali che siano al livello della produzione degli altri popoli europei. La lingua stessa è per i nostri scrittori un problema: essi sono divisi fra l'ossequio ad una sola autorità e la licenza. La posizione che la nuova rivista avrebbe dovuto assumere tra i lodatori del passato e gli esaltatori del nuovo è di equilibrio: "Chi si attendesse di vederci sacrificare sugli altari dell'antichità vivrebbe ingannato, e andrebbe errato ancor più chi per amore di cose nuove ne tenesse dimentichi dell'eredità dei nostri maggiori".

Nell'Introduzione alla Biblioteca italiana sono già delineate le tesi fondamentali, per cui si batteranno gli scrittori del Conciliatore; ad essa spetta la priorità di certe idee che saranno comuni ai romantici lombardi e che il B. riprenderà più tardi.

Il 19 sett. 1816 apparvero le *Avventure letterarie di un giorno*, lo scritto più importante del B. e uno dei maggiori manifesti romantici italiani, in cui si incontrano molte idee che ispireranno anche la Lettera semiseria di Grisostomo e che saranno più volte ripetute nella polemica romantica. A torto qualche critico ha trascurato le Avventure (il Borgese nella Storia della critica romantica in Italia non cita nemmeno il B.!): esse sono invece una felice operetta ricca e fervida di pensiero, amabile ritratto della vita letteraria milanese in un periodo appassionato e vivo, condotte con una arguta levità settecentesca.

Le idee letterarie non sono esposte in un trattato criticamente distaccato, ma si compongono in una narrazione personale piena d'estro e di brio, che giustamente ha fatto pensare oltre che al Gozzi e al Baretti, allo Sterne, filtrato attraverso il gusto e la sensibilità foscoliana. E al Foscolo sono riconducibili alcuni dei molteplici motivi delle Avventure. Gli Italiani sono pieni di vanità nazionale e sono pertanto misoneisti verso la cultura europea: eppure mancano di romanzi, giornali, teatro comico, cioè "di tre parti integranti di ogni letteratura, e di quelle precisamente che sono destinate ad educare e ingentilire la moltitudine". In realtà in Italia si possiede "l'apparenza della cultura e non la sostanza". E intanto i giornalisti della Biblioteca italiana intessono continue e smaccate lodi all'eccellenza degli ingegni italiani, al punto da far venire il sospetto che essi stessi ne dubitino. Questi falsi letterati esaltano solo gli studi eruditi, quelli che "formano il lusso della cultura", per cui si richiedono esclusivamente pazienza e volontà. Emblema di questa pianificazione, che annulla la differenza tra il mero lavoro di schiena e le creazioni che richiedono una "volontà fortemente commossa dall'amor del vero", "una mente capace di profonde concezioni", un "animo squisitamente sensibile a ciò che è bello, grande, virtuoso", sono le lodi esagerate tributate ad Angelo Mai. La vera letteratura non è fatta di quisquilie erudite: essa è "l'elegante espressione del maggior grado di civilizzazione di un popolo". Importanti considerazioni si incontrano a proposito dei dialetti "immagine fedelissima delle abitudini, dei costumi, delle idee e delle passioni predominanti dei popoli che li parlano". Data la diversità profonda che esiste in Italia tra una gente e l'altra, "dallo studio dei dialetti si potrebbe ricavare la storia delle indoli e dei costumi italiani". L'apparizione dell'articolo della Staël suscita accanite discussioni: per bocca del Monti, uno dei tanti personaggi delle Avventure, il B. afferma che "tradurre non è copiare", che le forze del genio non possono bastare a tutto, per cui bisogna riconoscere i vantaggi che vengono dallo studio delle altre letterature. Contro chi si adira del giudizio negativo degli stranieri sugli scrittori italiani egli ricorda che il celebrato critico Corniani "ha scambiato lo scopo della Scienza Nuova con una sola fra le mille idee ingegnose del Vico". Infatti era allora apparsa una nuova edizione del capolavoro vichiano e non aveva suscitato l'entusiasmo che avrebbe dovuto: eppure, dovendo la letteratura mirare all'educazione dei popoli - sostiene il B. -, possono essere attuali ed educatrici anche opere del passato.

Le Avventure sono nate da una meditazione personale del B., ma rappresentano anche la maturazione che raggiungeva un sodalizio, che stringeva Breme, il B. e Pellico in un ideale comune d'impegno e di lavoro. Non avendo la Biblioteca italiana realizzato quel rinnovamento culturale che auspicava la parte più sensibile dell'intelligenza milanese, si pensò a un nuovo periodico. Il B. partecipò al lavoro di preparazione del giornale, che intendeva raccogliere le energie innovatrici della cultura lombarda, diffondere le idee moderne e il progresso, liberando gli spiriti dalle pedanterie e dai pregiudizi. Un primo disegno fu di un giornale che realizzasse un programma di rinnovamento totale: avrebbe dovuto intitolarsi Il Bersagliere. Ma i tempi non erano ancora maturi e, inoltre, troppe cose distoglievano da una impegnativa dedizione il terzetto Pellico, Breme, Borsieri. Poi si pensò a un Messaggero delle Alpi, con redazioni a Milano e a Coppet, residenza di madame de Staël. Infine nel 1818 fu varato il Conciliatore. Il B. fu tra i più attivi collaboratori: a lui si debbono la stesura del Programma e una serie di articoli che testimoniano la versatilità e l'acume del suo ingegno. Sono recensioni di carattere tra critico e informativo di opere italiane e straniere e più di opere straniere tradotte in italiano: assaggio concreto dell'ideale propugnato di una più ampia circolazione di pensiero e di poesia fra le nazioni europee. Una novella di carattere moraleggiante - la Storia di Lauretta - apparsa in alcune puntate sul Conciliatore rivela la sua scarsa tempra di narratore.

Mentre svolgeva questa fervida operosità critica, veniva meditando e stendendo una vasta trilogia drammatica, il Tasso, alla quale si preparava con scrupolosità di storico. La prima notizia di questo lavoro teatrale risale al 1815; il B. sperava di farlo rappresentare per la quaresima del 1820, ma a tale data era ancora incompiuto. Poi venne l'arresto e lo Spielberg. Non sappiamo dove possa esserne finito il manoscritto, nel caso che non sia stato distrutto.

Tenuto d'occhio dalle autorità austriache per la partecipazione al Conciliatore e per i contatti che lo legavano al gruppo più attivo dei liberali milanesi, coinvolto nell'istruttoria contro Federico Confalonieri, fu arrestato il 4 apr. 1822. Gli interrogatori del prigioniero furono condotti dall'abilissimo Antonio Salvotti. Credendo che il Confalonieri avesse confessato, il B. non si rifiutò di confermare quanto credeva già rivelato. Accortosi dell'errore in un confronto col Confalonieri, negò invano le precedenti deposizioni. La sentenza fu severa: il B. fu condannato a morte, ma la pena per grazia sovrana venne mutata in venti anni di carcere duro e sul finire del febbraio del 1824 fu prelevato dalle prigioni di S. Margherita in Milano e avviato allo Spielberg. Dopo i primi tempi, ai prigionieri vennero tolti anche i libri, tranne pochi di ascetica.

Avrebbe voluto nella solitudine del carcere portare a compimento il dramma, anche per un'analogia di situazione col protagonista: "la conformità - scriverà all'Ugoni - del mio stato con quello dell'infelice Torquato, poteva pormi sulla tavolozza colori più risentiti e più caldi". Ma, avendo fatto richiedere il manoscritto, il padre, per non consegnarlo alla commissione, disse di non averlo trovato. Né gli fu possibile inoltre - dato che ai prigionieri era vietato di scrivere - comporre a mente per la vastità della stessa trama, per i molti personaggi e forse anche per la mancanza di volontà e di ambizione, che fu il lato negativo del suo carattere. Di una cantica Il prigioniero ci restano due mediocri terzine. Ideò poi un carme ispirato alle idee vichiane, Le origini dell'umanità, ma l'abbandonò alla diciannovesima stanza, per la mancanza dei libri che riteneva necessari a documentarsi sulle grandi civiltà umane. Sappiamo anche che in versi sciolti cominciò un romanzo, Palla d'Altavilla, storia di un discendente dei

Normanni che partecipa alla rivoluzione napoletana del 1799 e ai moti del 1821. Ma anche questo romanzo verseggiato restò interrotto.

Morto Francesco I e successogli Ferdinando, ai prigionieri fu offerto di scegliere tra la continuazione del carcere e l'esilio. Nel 1836 si aprirono le porte del carcere per il B. che, insieme col Castillia, col Foresti e altri, fu fatto imbarcare sul brigantino "Ussero" per essere condotto in America. Sul finire dell'ottobre 1836 giunse a New York. Aiutato da una sovvenzione del Confalonieri, cominciò la vita americana, che fu una serie di delusioni per un uomo sfinito dai patimenti fisici e morali del carcere e non più in età di accettare con entusiasmo un nuovo ritmo di esistenza: a ciò si aggiungeva la nostalgia pungente della patria e delle sorelle. Ai primi del 1837 passò a Princeton, ove visse insegnando italiano, poi a Filadelfia. Nel settembre del '38, in occasione della incoronazione di Ferdinando a re del Lombardo-Veneto sperò che gli fosse concessa l'amnistia e il ritorno in patria. Perse le speranze, imitò il Confalonieri, che incurante del rischio era ritornato in Europa, e sbarcò in Francia. Dopo un periodo di permanenza a Parigi e a Bruxelles, poté nel 1840 ritornare finalmente a Milano. La città gli apparve un deserto: i vecchi amici non c'erano più. A poco a poco cadde in una misantropia inattiva.

Riprese la penna, ma solo per tradurre un romanzo di G. P. R. James, Corso de Leon o il Masnadiere, da cui non riuscì a ottenere il lucro sperato. Nella malinconia dello scialbo tramonto ancora un qualche conforto dalla passione di un tempo: "Molte delle più belle illusioni della gioventù mi si sono spente; eppure sento che la mia anima palpita ancora pel bello e che questo amore contrariatomi in tutta la vita, ed ora più che mai, da' mie duri destini arde languido, ma pur arde, come il lumicino a capo del letto d'un morto".

Le idee politiche avevano perduto in lui il carattere radicale e frondista d'una volta. Ora egli ha compreso che esistono due piani, quello teorico e quello pratico, e che il limite degli illuministi e dei romantici, che ne hanno ereditato in Lombardia lo spirito, è stato il credere nella capacità della sola teoria di rinnovare un popolo. Si avvicina al pensiero del Gioberti, benché, simpatizzante del Reid, non ne accetti le tesi speculative fondamentali e, quanto alle conclusioni pratiche, scherzosamente scrive che accetterebbe il Primato, solo se Gioberti fosse papa ed egli suo segretario. Nel 1848, dopo le Cinque giornate, fu per poco presidente del Circolo patriottico di Milano favorevole alla fusione con il Regno di Sardegna. Seguì, poi, l'esercito

piemontese, e dopo Custoza riparò a Torino, ospite di Giacinto Provana di Collegno e degli Arconati.
Ammalatosi, per rimettersi in salute intraprese un viaggio a Belgirate, dove, mentre si preparava a raggiungere La Spezia, si spense il 6 ag. 1852.
Tra i principali scritti del B. ricordiamo: Lettera di P. B.,studente nell'Università di Pavia a Monsieur Guill...,sul suo articolo circa il discorso del Prof. Romagnosi, Milano 1807; Lettera di P. B. in risposta all'uno contro i più,di Mr. Guill...;Milano1807; Discorso sulla vita e gli scritti di Alessandro Turamini, Milano 1808; Sopra i versi di Arici in morte di Giuseppe Trenti, in U. Foscolo, Opere (ediz. naz.), VII, pp. 405 ss.; Avventure letterarie di un giorno, Milano 1815, ora in Discussioni e polemiche sul Romanticismo, a cura di E. Bellorini, Bari 1943; e con un ampio commento in I manifesti romantici del 1816, a cura di C. Calcaterra, Torino 1950.
Sul Conciliatore apparvero i seguenti scritti del B.: Introduzione; Un vecchio giornalista al Conciliatore; GI'Italiani,Sugli usi e costumi d'Italia,opera del Baretti,tradotta dall'inglese; Sullo spirito profetico dei poeti; Sulla storia delle Repubbliche Italiane del medio evo di J. C. L. Sismondo Sismondi,tradotta; Sugli Idillj di Gessner,tradotti da Andrea Maffei; Petrarca difeso da una critica di Hume; Sulla noia; Il regalo; Intorno alla vita e alle opere di G. B. Corniani,memoria di Camillo Ugoni; Lettere di un giovane spagnuolo intorno ad un suo viaggio per Salamanca ed agli studi di quella università; La scuola della maldicenza,commedia di Riccardo Brinsley Sheridan,tradotta da Michele Leoni; Alcune idee sulla volubilità e sulla costanza; Storia di Lauretta; L'Asino d'oro d'Apuleio traslato dal Firenzuola; Notizie sullo storico Giovanni Müller; Riflessioni sulla felicità privata,di Nicola Columella Onorati; Analisi del pregiudizio secondo le idee del Sismondi; Sermoni d'Ippolito Pindemonte; Prospetto generale della storia politica d'Europa nel M. E. di G. Müller; I rivali,commedia di Riccardo Brinsley Sheridan,tradotta da M. Leoni; El sí de las Niñas commedia di D. L. Fernández de Moratín,Cenni sui varj storici; Equejade,Monumento antico di bronzo del Museo Nazionale Ungherese,considerato nei suoi rapporti coll'antichità figurata da Gaetano Cattaneo; Dissertazione dell'avv. Serafino Grassi,indirizzata alla Reale Accademia torinese di scienze e belle lettere,in lode di Vittorio Alfieri. Del Conciliatore si veda l'ediz. a cura di V. Branca, I-III, Firenze 1953-54.
Si ricordino ancora le traduzioni dei romanzi di W. Scott, Le prigioni di Edimburgo e L'Antiquario (Milano 1823-24), e di quello di G. P. R. James,

Il Corso de Leon o il Masnadiere (Milano 1843). Recentemente è apparsa una raccolta - ampia, ma non completa - di opere del B.: Avventure letterarie di un giorno e altri scritti editi ed inediti, a cura di G. Alessandrini, Roma 1967 (cfr.: Giorn. storico d. lett. ital., CLXV[1968], pp. 137-142). Fonti eBibl.: V. Monti, Epistolario, a cura di A. Bertoldi, III, Firenze 1929, ad Indicem;U. Foscolo, Epistolario, III, a cura di P. Carli, Firenze 1929, ad Indicem;S. Pellico, Lettere milanesi, a cura di M. Scotti, Torino 1962, ad Indicem;M. Scotti, Lettere inedite di P. B. a Luigi e Silvio Pellico, in Giorn. stor. d. lett. ital., CXLI (1964), pp. 243-64; L. Di Breme-M. Menghini, Le Cinque Giornate e P. B., in Riv. stor. del Risorg. ital., I (1895), pp. 976 ss.; L. Gatta, P. B., in Milano e i nomi delle sue vie, Milano 1897, pp. 499 s.; M. L. Gentile, P. B. un martire dello Spielberg, in Rassegna nazionale, XXXII, (1910), pp. 430-442; G. Muoni, L. di Breme e le prime polemiche intorno a Madama Di Staël, Milano 1902, passim;E. Clerici, IlConciliatore, Pisa 1903, passim;E. Bellorini, Il Conciliatore e la censura austriaca, in Scritti varii... in onore di R. Renier, Torino 1912, pp. 293, 295; F. Novati, Stendhal e l'anima italiana, Milano 1915, pp. 36-40, 141 s.; C. Calcaterra, introduzione alle Polemiche di L. Di Breme, Torino 1923, passim;B. Sanvisenti Una lettera di P. B. ed altra di F. Confalonieri, in Arch. stor. lomb., s. 6, VIII (1931), pp. 359 ss.; T. Girardelli, P. B. patriota e letter., Como 1934; R. U. Montini, Vita americana di P. B., in Rass. stor. del Risorg., XLI (1954), pp. 467-76; E. Sioli Legnani, L'avv. Carlo Guasco... P. B. e Silvio Pellico, in Arch. stor. lomb., s. 8, VI (1956), pp. 331-35; V. Del Litto, La vie intellectuelle de Stendhal, Paris 1962, pp. 505, 541 s., 551, 573, 585; M. Fubini, Motivi e figure della polemica romantica, in Romanticismo italiano, Bari 1965, pp. 9-65; M. L. Orsini Lalli, P. B. tra martiri e letterati, Pescara 1961; G. Aliprandi, P. B. giornalista, in Atti e memorie d. Accad. patavina di scienze,lett. e arti, LXXIII (1960-61), pp. 109-120; LXXIV (1961-62), pp. 277-308; W. Binni, La battaglia romantica in Italia, in Critici e poeti dal '500 al '900, Firenze 1963, pp. 77-91; Enc. Ital., VII, p.531. Per la sentenza di condanna si vedano I costituti di F. Confalonieri, IV, a cura di A. Giussani, Roma 1956, pp. 331-33; per il processo si vedano tutti e quattro i volumi di quest'opera (I-III, a cura di F. Salata, Bologna 1940-41), ad Indicem, vol. IV.
Mario Scotti

SCHEDA TRATTA DA:

GIUSEPPE GRASSI (1779- 1831)

Nacque il 30 nov. 1779 a Torino da "poveri parenti", come si legge in una breve nota autobiografica pubblicata nel suo necrologio nell'Antologia di Firenze (1831), poi ristampata in più edizioni del Saggio intorno ai sinonimi insieme con il profilo che di lui scrisse G. Manno (analogo a quello che si legge nel De Tipaldo, dove però il mese della nascita è aprile: dirime il dubbio l'iscrizione funebre del G. nel cimitero di Torino, attribuita a G. Vernazza, riprodotta nell'edizione milanese del 1911 del Saggio, p. 27, che recita: "visse anni LI mesi I giorni XXI / morì addì XIX gennaio MDCCCXXXI").

Dopo i primi studi nelle scuole pubbliche, nel 1792 entrò nel seminario di Torino. Disse poi di esserne uscito "disturbato" dall'invasione francese del Piemonte, che portò alla chiusura del seminario. Per il G. era soprattutto urgente aiutare la famiglia. Dapprima si guadagnò da vivere come garzone presso il libraio torinese Destefanis. Sviluppò allora interessi letterari, inizialmente rivolti al teatro, in cui ammirava Goldoni e il cuneese C. Federici.

Un testo teatrale del G., Il soldato d'onore, fu recitato dall'autore stesso con una compagnia di amici nel teatro Ughetti di Torino (lo si legge nella raccolta del Teatro scelto di vari autori allestita da R. Castellani, V, Livorno 1815, pp. 77-135). Si tratta della storia d'un soldato, Gustavo Erfort, che per giusti motivi d'onore ferisce un superiore, il capitano Federico Lindal, e viene condannato a morte. Viene salvato quando è ormai di fronte al plotone di esecuzione, per intervento dello stesso Lindal, pentitosi. Il G. lavorò anche all'edizione del Teatro popolare inedito, pubblicata a Torino tra 1789 e 1800, di cui uscirono sei volumetti, nei quali si trovano sue brevi note critiche su singole pièces teatrali, siglate "G. G.".

Lavorò poi nell'amministrazione pubblica: fu segretario del consiglio di amministrazione della guardia nazionale di Torino e poi impiegato in prefettura, giungendo al grado di chef de bureau. A quest'impiego si lega l'Aperçu sur le commerce, l'industrie, les arts et les manifactures du Piemont (Turin 1811: un esemplare si trova nella Biblioteca dell'Accademia delle scienze di Torino). Lo scritto dovette costargli qualche noia, se fu notato (lo ricorda Manno) che "alcuni errori di fatto [...] lo deturpavano".

Ma la sua principale risorsa economica fu l'attività giornalistica, intensa fin dagli anni napoleonici. Già in precedenza (la notizia viene ancora da Manno) il G. aveva dato vita a Torino a un giornale di breve durata, Frusta letteraria (1797), a imitazione di quella di G. Baretti. Scrisse sul più importante foglio d'informazione di quegli anni, stampato in francese, il Courrier de Turin, di cui fu condirettore, e dopo la Restaurazione nella Gazzetta piemontese, che diresse (V. Cian ne ha studiato gli interventi di carattere letterario). Nel 1814 un lungo viaggio per l'Italia lo portò a Firenze, dove lavorò al Dizionario militare e conobbe G.B. Niccolini, che più tardi lo mise in contatto con G.P. Vieusseux.

Ancora agli anni del governo francese risale *l'Elogio storico del conte Giuseppe Angelo Saluzzo di Menusiglio* (Torino 1813), scienziato e fondatore dell'Accademia delle scienze di Torino, ricordato dal G. come suo "primo saggio" nelle lettere italiane (nel frontespizio ha la data del 1813, ma egli lo datò al 1812 e tale data è ribadita nella nota che ne accompagna la riedizione nelle Operette varie, ibid. 1832). L'Elogio ebbe una certa eco: fu apprezzato da G. Paradisi, L. Lamberti, V. Monti, da U. Foscolo e da C. Botta. Introdotto nel mondo letterario, il G. fu in corrispondenza con uomini celebri quali Foscolo (dal 1808 al 1822), F. Albergati Capacelli, M. Cesarotti, G.G. De Rossi, Monti, più tardi Niccolini e Vieusseux. Dopo la Restaurazione pubblicò (nel Calendario signorile per l'anno 1816, ibid. 1816, da lui curato) una descrizione delle Feste fattesi in Torino per l'arrivo di s.m. la regina nella sua capitale, e la collezione di tutte le poesie relative, stampate in detta città. Lo scritto fu gradito e aiutò a cancellare ogni eventuale ombra per le "modestissime cariche nella pubblica amministrazione" (come ebbe a dire) ricoperte nel periodo francese.

Il 31 marzo 1816 fu eletto socio ordinario residente dell'Accademia delle scienze di Torino, nella classe di scienze morali, storiche e filologiche (tra gli accademici c'erano P. Balbo, G.F. Galeani Napione, G. Vernazza, G. Carena). Il 20 giugno 1822 fu nominato segretario pro tempore per la stessa classe, carica confermatagli il 16 giugno 1823, quando fu eletto con 10 voti su 11 (uno andò ad A. Peyron).

Risale a questi anni il lavoro più notevole del G., il *Dizionario militare italiano* (I-II, ibid. 1817: ma l'autore dichiarò più volte di averlo dato alla luce "sul finire del 1816"). Quest'opera filologica, nuova e originale, colmava una lacuna nella lessicografia italiana.

La prefazione (Ragione dell'opera) contiene elementi interessanti di attualità politica, perché loda la scelta di Vittorio Emanuele I che, tornato nei suoi

Stati con la Restaurazione, aveva stabilito che gli ordini ai soldati fossero impartiti in italiano e non più in francese: il re aveva voluto "con saggio consiglio che l'armi sue, armi d'Italia, venissero da voci nazionali comandate" (p. VIII). A questo proposito si pensi all'influenza esercitata in Piemonte dal trattato Dell'uso e dei pregi della lingua italiana (1791) di G.F. Galeani Napione, che aveva visto nell'italiano una difesa contro la Francia e aveva invitato la monarchia sabauda a utilizzare la lingua per restituire al Piemonte la sua identità italiana. Il dizionario del G. è influenzato da queste idee, oltre che da sentimenti misogallici alfieriani di cui parla V. Cian (nel 1814 il G. aveva anche pubblicato una recensione elogiativa del trattato di Galeani Napione). Nella citata Ragione dell'opera il G. afferma che "le armi, e le istituzioni militari debbono essere agli usi, ai costumi, alle passioni d'ogni nazione appropriate" (p. VII). Il Dizionario trae il lessico da voci di Crusca e dagli autori canonici, ma anche da uno spoglio ampio degli scrittori italiani di cose militari, elencati in una tavola alfabetica (p. XXIV). I termini raccolti riguardano l'armamento, le macchine, l'artiglieria, le truppe antiche e moderne, le divise, i cavalli, gli attrezzi da campo e pure usi, norme e abitudini (così le voci baffi, basetta, amnistia, anzianità di servizio). Entrano, accanto alle voci moderne "dell'uso" (a volte recenti, come i francesismi ambulanza per "ospedale da campo", avantreno, fucilare), voci obsolete e letterarie. Ogni lemma è affiancato dal corrispondente francese. Alla fine è posto un elenco alfabetico delle parole francesi, con il rinvio al lemma italiano. In una Lettera al direttore dell'"Antologia" (1828, vol. 31, f. 91, pp. 88-104), il G. rispose a vivaci critiche ricevute da ufficiali dell'esercito del Ducato di Parma e del Regno delle Due Sicilie. Il Dizionario, sul quale aveva continuato a lavorare (dando un saggio di revisione in Antologia, 1828, vol. 31, f. 93, pp. 1-30), ebbe una riedizione postuma con aggiunte nel 1833, a Torino, in 4 volumi, curata dagli amici F. Omodei, C. Saluzzo, C. Gazzera e G. Carena. Gli studi del G. sulla lingua militare ebbero come frutto anche la pubblicazione delle Opere di R. Montecuccoli (Torino 1821) e una dissertazione presentata all'Accademia delle scienze nel dicembre 1819 su di una sua opera inedita rintracciata in un manoscritto milanese (Notizia intorno ad un'operetta inedita del principe Raimondo Montecuccoli, in Memorie della Accademia delle scienze di Torino, cl. di scienze morali, storiche e filologiche, XXIV [1820], pp. 103-122).
Dopo il Dizionario militare la specializzazione lessicografica del G. era ormai riconosciuta; il Monti lo fece partecipare alla stesura della sua

Proposta diretta contro la Crusca e il purismo, nella quale fu pubblicato (siglato G.G.) un suo Parallelo dei tre vocabolari italiano, inglese e spagnolo. Questo saggio segna la maggiore presa di distanza del G. dal purismo. Confrontando le voci dei tre dizionari "nazionali", rivelava una buona conoscenza della lessicografia europea e su questa base criticava la tradizione cruscante, invocando "una riforma del nostro vocabolario". Successivamente il Parallelo fu rimaneggiato e unito all'edizione 1827 del Saggio intorno ai sinonimi (scrivendo nel 1829 al tipografo Fontana, che preparava una ristampa della Proposta del Monti, il G. indicava questa riedizione come definitiva e da preferire alla precedente).

Pur specializzandosi nel campo lessicografico egli non aveva abbandonato gli studi eruditi e di varia cultura, come dimostrano memorie presentate all'Accademia delle scienze (Ricerche storiche intorno alle armature scoperte nell'isola di Sardegna, lette nell'adunanza del 3 genn. 1822 e pubblicate nelle Memorie, cl. di scienze morali, storiche e filOlogiche, XXV [1820; ma 1822], pp. 119-156; un Elogio dell'accademico G.B. Piacenza, primo architetto civile di s. m., letto il 27 nov. 1823, fu pubblicato nelle Memorie della stessa classe, XXVIII [1824], pp. III-XIV). Ma, ancora una volta, il risultato migliore venne negli studi linguistici, con il Saggio intorno ai sinonimi della lingua italiana (Torino 1821), la sua opera più celebre, benché comprenda un numero molto limitato di parole e spesso dipenda da fonti francesi, riprendendo ampiamente voci dei Synonymes de la langue française di G. Girard, N. Beauzée e P.-J. Roubaud.

Il Saggio ebbe un notevole successo anche perché, pur essendo un'opera filologica, risultava adatto alla lettura continuata. Fu ristampato molte volte, nell'Ottocento e ancora nel Novecento. Importante è l'edizione milanese del 1827 ("Decima edizione riveduta dall'autore ed accresciuta di nuovi articoli", dichiara il frontespizio), nella quale si trova una Lettera dell'autore ad un accademico della Crusca (il Niccolini) che riassume il pensiero del G. in merito alla "questione della lingua". Il Saggio ottenne una menzione cautamente positiva da un giudice non indulgente come N. Tommaseo, nella prefazione al suo ben più ampio Dizionario dei sinonimi, nello stesso capitolo X in cui stroncava senza pietà la Teorica dei sinonimi italiani del sacerdote G. Romani. L'interesse del G. per la sinonimia non andava disgiunto dalla curiosità per l'etimologia e la storia della parola, assunte come guida alla comprensione del significato. Su questo rapporto tra il significato nell'uso e la storia dei termini erano nate divergenze con l'amico L.P. Arborio Gattinara di Breme. Proprio il Breme aveva esortato più volte

il G. allo studio dei sinonimi, come in una lettera del gennaio 1819 (L. di Breme, Lettere, n. 225), nella quale però consigliava di dare più spazio alle sinonimia piuttosto che alle etimologie, perché solo le sinonimie permettono di comprendere "ciò che manchi o ridondi nell'uso". L'osservazione, di marca tipicamente razionalista, mirava a mettere in sottordine le etimologie care al G., giudicate da Breme come generalmente inutili, perché "non da ciò che fu in alcun tempo, alcuna voce, s'ha da ricevere oggidì norma e direzione". Il G., per contro, nella prefazione al Saggio dichiarava di aver fatto appello a "più alta ragione [...] che quella dell'uso non è": tale "ragione" era l'origine e la storia dei termini, perché "la storia delle parole è pur quella de' fatti de' costumi e della civiltà d'una nazione". Storicismo romantico e razionalismo di taglio sincronico, dunque, sembrano qui contrapporsi in un'opposta visione dello studio dei sinonimi. Per lo studio etimologico, il G. citò fra l'altro come modello J.Ch. Adelung e S. Johnson, ma non si riferì alla nuova linguistica comparativa degli Schlegel. Prese anche posizione a favore della lingua del Trecento, secolo di perfezione dell'"edifizio grammaticale della lingua". Posizione non assimilabile ai principî del purismo, ma non estranea a un certo conservatorismo. La distanza rispetto al purismo, tuttavia, sta nel riferimento agli autori maggiori, nel disprezzo per i minori, nel rifiuto di accostarsi al Trecento allo scopo di "disseppellire le voci che vi giacciono incadaverite" (mentre il suo intento è ritrovare nel Trecento "l'indole e la struttura della lingua"). La posizione era insomma di tipo classicistico, non angustamente puristico. L'epistolario del Breme (che, viceversa, coltivò forti simpatie per il razionalismo linguistico degli idéologues) dimostra come questi rimproverasse al G. una posizione troppo accademica.
La prefazione al Saggio intorno ai sinonimi dava notizia che il G. stava lavorando a una Storia della lingua italiana "che ancor manca all'Italia, e che non dispero di condurre quando che sia a buon termine". La Storia sembra lo sbocco naturale della concezione sviluppata dal G. nello studio del lessico, interpretato come testimonianza della storia della nazione. Accennarono all'opera anche C. Balbo (nella nota 33 al discorso di C. Vidua, Dello stato delle cognizioni in Italia, Torino 1834) e G.B. Zannoni. Tuttavia non fu mai terminata, anche per le cattive condizioni di salute dell'autore. Non resta che rammaricarsene, perché sarebbe stato il primo libro esplicitamente e autonomamente dedicato a tale materia.
Il manoscritto, o meglio l'abbozzo (che passò per le mani di Balbo), è conservato nella Biblioteca nazionale universitaria di Torino. Il testo mostra

una speciale attenzione alle invasioni dei popoli "settentrionali", di cui parla con toni spesso accesi ("l'orrido governo degli stranieri") e che descrive con forte risentimento patriottico, proiettando su di esse un antigermanesimo in cui sembra vibrare la passione risorgimentale ("il sacrificio della propria favella è gran segno di miseria e di schiavitù"). La conoscenza della linguistica coeva è dimostrata dal riferimento a F. Raynouard e alle Observations sur la littérature provençale di A.W. Schlegel. Da queste fonti trae la convinzione che le lingue germaniche hanno mutato la struttura grammaticale del latino, ancor più del lessico. È dedicata anche una certa attenzione ai dialetti italiani e alla loro classificazione, cosa interessante e precoce, considerata l'epoca di queste ricerche.

La passione patriottica espressa nelle opere linguistiche, però, non si tradusse in coinvolgimento nelle trame cospirative in cui si avventurarono i suoi amici. È noto anzi il lapidario giudizio del Breme in una lettera al Pellico del 16 apr. 1820 ("Grassi è un vile!"), che verosimilmente discendeva da una presa di distanza politica e chiuse un'amicizia stretta da un decennio. Le posizioni moderate avvicinarono il G. all'Antologia, per la quale nel 1828 ricorse alle sue conoscenze nel ministero degli Affari esteri onde liberarla dagli impacci della censura che ne impediva la circolazione in Piemonte.

Il G. rimase segretario della classe di scienze morali dell'Accademia torinese anche quando, nel 1823, fu colpito da malattia e cecità (i verbali dell'Accademia registrano la sua assenza alle riunioni dal novembre 1823 alla morte). Nel 1828 divenne socio corrispondente dell'Accademia della Crusca.

Il G. morì a Torino il 19 genn. 1831, come si legge nei verbali dell'Accademia delle scienze; è dunque errata la data del 22 gennaio, a volte indicata.

Fonti e Bibl.: Torino, Arch. dell'Accademia delle scienze, Verbali originali della classe di scienze morali, storiche e filologiche, 3, 1816-35; K.X.Y., G. G.: cenni biografici, in Antologia, 1831, vol. 41, f. 123, pp. 1-13; G. Manno, Vita di G. G., in E. De Tipaldo, Biografie degli italiani illustri, II, Venezia 1835, pp. 402-412 (poi premessa a varie edizioni dei Sinonimi); P.A. Paravia, Lettere di U. Foscolo a G. G. pubblicate per la prima volta, Torino 1836 (rec. in Il Subalpino, I [1836], pp. 271-276, ove si possono leggere, inoltre: Tre lettere inedite di M. Cesarotti e una del Federici a G. G., pp. 449-453, e Lettere inedite di chiari personaggi ricavate dalla corrispondenza di G. G., pp. 473-485); L. di Breme, Lettere, a cura di P. Camporesi, Torino

1966, passim; G.B. Zannoni, Storia dell'Accademia della Crusca, Firenze 1848, pp. 386-391; A. Vannucci, Ricordi della vita e delle opere di G.B. Niccolini, I, Firenze 1866, p. 140; V. Cian, G. G. e Giampietro Vieusseux, in Atti dell'Accademia delle scienze di Torino, LXXX (1944-45), II, pp. 53-81; Id., Gli alfieriani-foscoliani piemontesi ed il romanticismo lombardo-piemontese del primo Risorgimento, Roma 1934, pp. 5-49; F. Cognasso, Vita e cultura in Piemonte, Torino 1969, pp. 301 s.; C. Marazzini, Piemonte e Italia. Storia di un confronto linguistico, Torino 1984, p. 205; M.C. Quartarella, Gli appunti di G. G. per una storia della lingua, tesi di laurea, Università di Torino, Facoltà di lettere, a.a. 1984-85; E. Soletti, L'"animo simmetrico" di un lessicografo piemontese, G. G., in Atti del Convegno Piemonte e letteratura, 1789-1870, San Salvatore Monferrato... 1981, a cura di G. Ioli, I, Torino [1987], pp. 78-90; C. Giovanardi, Linguaggi scientifici e lingua comune nel Settecento, Roma 1987, pp. 477-488.

QUIRINA MOCENNI MAGIOTTI (1781-1847)

Nacque a Siena il 24 giugno 1781 da Ansano e da Teresa Regoli.Il padre, un ricco mercante senese che l'epistolario di Luisa Stolberg contessa d'Albany descrive come un uomo gretto e irascibile, fu un abile amministratore e un repubblicano convinto e aderì alle idee della Rivoluzione francese. Nel 1778 aveva sposato in seconde nozze Teresa Regoli, che fu l'animatrice di un salotto frequentato da alcune figure di spicco (Francesco Gori Gandellini, Mario Bianchi, Ansano Luti, Giuseppe Ciaccheri) della rinascita culturale senese degli anni di Pietro Leopoldo e da quanti soggiornavano a Siena, come Vittorio Alfieri, che si legò a lei d'una profonda amicizia.
Seconda di cinque figli, la M. crebbe dunque in un ambiente ricco di stimoli culturali e studiò presso il conservatorio di S. Maria Maddalena a Siena. Fallito un primo progetto di matrimonio con un ricco mercante romano, l'8 luglio 1802 fu data in sposa a Ferdinando Magiotti di Montevarchi, uomo mentalmente fragile, unico figlio del capitano Camillo Magiotti. Il matrimonio, celebrato il 20 ag. 1802, le assicurò un'esistenza agiata ma infelice. Nelle sue lettere, la contessa d'Albany la descrive come una giovane donna triste e sgraziata, poco avvenente, ostaggio di un suocero avaro e tirannico, alla perpetua ricerca di quella felicità che il matrimonio non poteva offrirle. La coppia fissò la propria residenza tra San Leolino, dove si trovavano i possedimenti del marito, e Firenze, dove la M. risiedette occupandovi varie dimore spesso in assenza del marito, e dove tenne, come

già la madre a Siena, un importante salotto in cui faceva mostra di un gusto spiccato per le lettere e le arti. Qui, nell'estate del 1805, conobbe il generale Luigi Colli, a cui si legò per qualche tempo. Questi impose al vecchio capitano Magiotti una revisione del contratto di matrimonio più vantaggiosa per la Mocenni. Nell'«obbligazione» in favore della nuora, stesa il 10 marzo 1806, Camillo Magiotti le attribuiva una pensione di 52 paoli al mese e una controdote di 3000 scudi, riconoscendo che «la stupidità di mente e ragione delle facoltà intellettuali» del figlio aveva fatto mancare alla «Quirina qualunque risorsa dalla contratta società coniugale con immenso sacrifizio della sua giovine Età, e di quella cultura di spirito, che aveva sorbito dalla ricevuta educazione».

L'avvenimento più importante della sua vita fu l'incontro con Ugo Foscolo, avvenuto a Firenze nell'ottobre del 1812 per il tramite di Leopoldo e Massimiliana Cicognara. I due si conobbero nelle sale dell'albergo delle Quattro nazioni, dove il poeta alloggiava, come i coniugi Cicognara, di cui la M. era intima amica. Tra i due nacque rapidamente una relazione amorosa, che fu la più lunga e costante dello scrittore. Benché questi si fosse poi invaghito di Eleonora Nencini, il legame durò dall'estate del 1812 all'autunno del 1813 e l'amore e l'amicizia della M. non vennero mai meno, anche dopo che il poeta ebbe trasferito la propria dimora a Bellosguardo.

Il 15 nov. 1813, lasciando definitivamente Firenze, Foscolo la destinò curatrice di tutti gli effetti lasciati a Bellosguardo e dei libri restati presso di lei, nella casa di via de' Servi. I due non s'incontrarono mai più, anche se Foscolo, scrivendole da Hottingen nel 1816, le propose di sposarlo e, nel 1819, sembrò accondiscendere alla proposta, poi andata a monte, di un incontro a Calais.

La M., che sola conservò tra le tante donne amate da Foscolo l'epiteto di «donna gentile», rimase in contatto epistolare con il poeta e continuò ad assisterlo, anche finanziariamente, negli anni successivi, durante l'esilio svizzero prima, e quello inglese dopo.

La corrispondenza tra la M. e Foscolo copre un periodo di quasi undici anni, dall'ottobre del 1812 al giugno del 1823, e, benché si fosse diradato notevolmente dopo il 1819, interrompendosi per ventidue mesi fino al novembre del 1821, mostra come il loro rapporto si trasformò in un affetto calmo e tranquillo, ben diverso dagli slanci appassionati di molte altre storie d'amore del poeta. Accanto alle espressioni d'amore, calde ma mai esaltate, Foscolo dà notizie di sé, ne chiede della M., le invia qualche libro da leggere, fissa i loro appuntamenti, la rende partecipe delle sue vicissitudini personali, le confessa le sue strettezze economiche, la rassicura del suo affetto. Soprattutto nei primissimi anni, si rivolge a lei come «amica», «sorella», «quasi moglie» e insieme «madre» e «figliuola». Egli testimoniò il proprio affetto per la M. destinandole, così come a Susetta Füssli e a Matilde Dembowski Viscontini, una delle tre copie dei Vestigi della storia del sonetto italiano dall'anno MCC al MDCCC (Zurigo). Nella sua dedica, datata «Hottingen, 1 gennaio 1816», Foscolo le offriva il pegno di una presenza ideale e di un'amicizia imperitura: «mi compiaccio di mandarvi tal cosa fatta segnatamente per voi; affinché se per gli anni avvenire la fortuna mi contendesse di ricevere i doni vostri graziosi, e di mandarvi alcuno de' miei, voi rileggendo ad ogni principio d'anno questo libretto, possiate, donna gentile, e ricordarvi e accertarvi ch'io vissi e vivrò, sino all'ultimo de' giorni miei, vostro amico».

L'aiuto e la fedeltà della M. per il poeta si concretizzarono fin dai primi mesi dell'esilio nell'assistenza al cugino Stefano Bulzo e poi, al principio del 1816 con la complicità di Silvio Pellico, nell'acquisto, sotto anonimato e per 1462 lire italiane, dei 444 volumi che Foscolo aveva lasciato a Milano, salvati così in gran parte dalla dispersione. E' noto dal carteggio tra Pellico e Foscolo che la M. avrebbe desiderato che, giunto in Inghilterra, lo scrittore recuperasse i volumi, ma l'incertezza sulla sua destinazione finale e i costi elevati del loro sdoganamento, che avrebbero gravato ulteriormente il suo già magro bilancio, fecero naufragare il progetto. Sicché la piccola biblioteca milanese di Foscolo restò in casa di Luigi Porro, dove Pellico risiedette fino al suo arresto, nel dicembre del 1820. Allontanatosi da Milano anche Porro, nell'autunno del 1821 la M. incaricò un vecchio amico senese, Giulio De Taja, che già era servito da intermediario tra lei e Foscolo, di recuperare i libri postillati e i manoscritti del poeta e di vendere quelli restanti. Al principio del 1822, tuttavia, i volumi trovati da Del Taja in casa Porro non erano più che 338 e solo i pochi annotati dal poeta furono ricongiunti alla piccola biblioteca che lo scrittore aveva lasciato a Firenze nel 1813.

In occasione del falso acquisto dei libri foscoliani, nel gennaio del 1816, prese avvio il lungo carteggio tra la M. e Pellico, costruito a partire dalla comune amicizia per lo scrittore (come testimonia l'epiteto, «Amica del mio Amico», con cui si rivolge a lei nelle lettere). Lo scambio epistolare, che si interruppe solo con l'arresto e la prigionia di Pellico, durò fino alla morte della M. e fu contraddistinto da una stima e da un'amicizia profonde, velate di tenero affetto, che non vennero meno neppure quando Pellico, dopo l'apparizione dell'edizione Caleffi, le rimproverò la pubblicazione del carteggio con Foscolo, che gli parve tesa solo a confortare il ruolo d'eccezione che la donna aveva avuto nella vita dello scrittore. Non diversamente, l'abbondante materiale foscoliano, in gran parte autografo, recuperato dalla M. le servì a costruire il suo ruolo di custode privilegiata della memoria foscoliana contro i detrattori dello scrittore. Fin dal principio del 1830 infatti, e ancor più dopo la pubblicazione della fortunata biografia foscoliana di Giuseppe Pecchio, che provocò il suo risentito disappunto, la M. espresse la volontà di consegnare ai posteri un'immagine documentata e non aneddotica del poeta. A tal fine collaborò con quanti si rivolsero a lei, raccomandati spesso da amici fidati o da Giulio Foscolo (con cui fu a lungo in contatto), per chiederle aiuto e materiale per edizioni e biografie dello scrittore, di cui restò poi sempre scontenta. Tale fu il caso dei Ragguagli di Michele Leoni (1829), o dell'edizione curata da Emilio De Tipaldo, al quale aveva concesso di esaminare e ricopiare gli scritti in suo possesso o, ancora, dell'edizione delle Scelte opere di U. Foscolo (1835) allestita da Giuseppe Caleffi. Ciò nonostante, la M. continuò a collaborare alle principali edizioni foscoliane che si pubblicarono in quegli anni, dalle Prose e poesie edite ed inedite di U. Foscolo di Luigi Carrer (1842), agli Scritti politici inediti di U. Foscolo di Giuseppe Mazzini (1844).

Della collaborazione con Mazzini resta una fitta corrispondenza che si protrasse dal novembre del 1838 al dicembre del 1843. Mazzini era entrato in contatto con Enrico Mayer e con la M. dopo aver inutilmente avvicinato Giuseppe Ruggia, già impegnato con De Tipaldo, per la pubblicazione di una biografia di Foscolo. La M. e Mazzini, pur profondamente differenti per aspirazioni e carattere, trovarono allora un solido punto d'incontro nella difesa della memoria foscoliana. Se il loro rapporto finì per soffrire delle reciproche incomprensioni, dopo l'iniziale diffidenza della M., fu però animato da profonda stima e fiducia, al punto che la M., disperando ormai nel lavoro di De Tipaldo, preparò nel maggio del 1840 nove «volumetti di carte e autografi» foscoliani, che Mayer si incaricò di fare consegnare a Mazzini per il tramite di Thomas Webster. I continui ritardi cui lo obbligavano l'impegno politico, l'impresa della «scuola gratuita» e la necessità di trovare continuamente forme di sostentamento, tuttavia, spazientirono la M., che nel marzo del 1843 espresse con asprezza a Mazzini la propria delusione e reclamò la restituzione dei volumi manoscritti. A esasperarla fu soprattutto la pubblicazione del commento foscoliano alla Commedia (1842-43) e quella, ormai imminente, degli Scritti politici (1844), che le levarono ogni speranza di vedere infine realizzata la tanto agognata biografia foscoliana. La M. incaricò allora Mayer, in viaggio in Inghilterra, di recuperare i preziosi manoscritti, che le furono recapitati alla fine di dicembre del 1843. L'episodio, nonostante i successivi tentativi di riallacciare i rapporti, segnò la fine di ogni contatto con Mazzini.

L'occasione di erigere quel monumento alla memoria di Foscolo, che cercava invano di realizzare da anni, le fu offerta dalla pubblicazione delle carte dello scrittore rimaste a Londra alla sua morte. Recuperati da Mayer, Gino Capponi e Pietro Bastogi fin dal 1837, i manoscritti londinesi, insieme con le carte conservate dalla M. consentirono infatti l'allestimento di quella che sarebbe diventata l'edizione delle Opere edite e postume, curata da Mayer e da Francesco Silvio Orlandini e pubblicata dall'editore Le Monnier tra il 1850 e il 1862.

Nella vasta impresa, la M. lavorò soprattutto alla ricostruzione delle Grazie, opera lasciata incompiuta da Foscolo, a partire dai frammenti conservati tra i manoscritti londinesi. Vi lavorò per tre anni a partire dal 1841, e il frutto di quel lavoro, a cui aveva invano tentato di associare G.B. Niccolini, fu pubblicato postumo nel 1848, non senza integrazioni e correzioni sostanziali, per cura di Orlandini, segretario dell'Accademia Labronica.

La M. morì a Firenze il 3 luglio 1847; fu sepolta nel chiostro di S. Maria Novella.

Nel suo testamento nominava erede universale, affidandole il gravoso incarico di prendersi cura del marito Fernando, la nipote Ernesta Mocenni, figlia del fratello Fabio e di Carlotta Giusti, che aveva allevato ed educato come una figlia fin dal 1826. Al marito di lei, Carlo Martelli, uomo di vasti interessi culturali e scientifici, vicino al circolo di G.P. Vieusseux, lasciò invece, come si legge nel testamento, «tutti i suoi pochi libri e tutte le carte scritte e legate alla rinfusa e coperte con cartoncino». Alla morte di Martelli (1861) l'importante fondo manoscritto e la biblioteca foscoliana della M. passarono per successione al figlio, Diego. Questi, dopo aver venduto nel 1884 alla Biblioteca nazionale di Firenze tutti i manoscritti e le carte di Foscolo, legò nel 1897 alla Biblioteca Marucelliana, frammisti a vario altro materiale (tra cui i quaderni autografi della M. e il carteggio tra lei e Pellico), i libri, manoscritti e lettere di interesse foscoliano che erano appartenuti alla M. e che costituiscono il Fondo Martelli.

Fonti e Bibl.: Firenze, Biblioteca Marucelliana, Carteggio generale (o Autografi), CCLVI, MXXV; Fondo Martelli, Mss., D.1.1A: Scritta matrimoniale, 8 luglio 1802; D.1.1C: Obbligazione verso la nuora Q. M.-Magiotti, 10 marzo 1806; D.1.3: Testamento olografo, 12 apr. 1847; D.1.25, 1.29, 1.33, 3.25, 3.26, 3.27, 3.30, 3.33; Ibid., Biblioteca nazionale, Foscolo,II.a, III.g, IX.h, X.a-l, n , XI.a-h, XII.a; altro materiale manoscritto della M. in: Carteggi vari, 317.70-73; 146, 431.193, 447.93; Carteggio Pal. Del Furia, 82.175 1; Carteggio Tommaseo, 98-38; Carteggio Vieusseux, 59-139; Scelte opere di Ugo Foscolo in gran parte inedite sì in prosa che in verso, con cenni biografici e note, a cura di G. Caleffi, Firenze 1835, passim; Prose e poesie edite ed inedite di Ugo Foscolo..., a cura di L. Carrer, Venezia 1842, passim; La Commedia di Dante Allighieri illustrata da Ugo Foscolo, Londra 1842-43, passim; Scritti politici inediti di Ugo Foscolo, raccolti a documentarne la vita e i tempi, a cura di G. Mazzini, Lugano 1844, passim; Le Grazie, carme di Ugo Foscolo, a cura di F.S. Orlandini, Firenze 1848; Opere edite e postume di Ugo Foscolo, IX,Poesie, a cura di F.S. Orlandini, Firenze 1856, pp. 195-206; Epistolario, compreso quello amoroso, di Ugo Foscolo e Q. M. Magiotti, riprodotto dagli autografi esistenti nella R. Biblioteca nazionale centrale di Firenze, a cura di E. Del Cerro, Firenze 1888; Lettere inedite di Silvio Pellico alla «Donna Gentile», a cura di L. Capineri-Cipriani, Roma 1901; Epigoni foscoliani. Giulio Foscolo a Q. M.-M.: lettere inedite, a cura di Z. Benelli, Firenze 1902; Lettres inédites de la comtesse d'Albany à ses amis de Sienne 1797-1820, a cura di L.-G. Pélissier, I, Paris 1904; II, Toulouse 1912; III, ibid 1915; G. Mazzini, Epistolario, in Edizione nazionale delle opere di G. Mazzini, Imola 1910-41, in particolare II, IV, VII, VIII-XIII, passim; U. Foscolo, Epistolario, in Edizione nazionale delle opere di U. Foscolo, Firenze 1949-94, in particolare IV, VI-IX, passim; S. Pellico, Lettere milanesi (1815-'21), a cura di M. Scotti, Torino 1963, passim; **Id., Lettere alla scrittrice fiorentina Q. M. Magiotti (1830-1847), a cura di C. Contilli, London 2010**; G. Pecchio, Vita di Ugo Foscolo, Lugano 1830, passim; E.A. Brigidi, Giacobini e realisti o il viva Maria. Storia del 1799 in Toscana, con documenti inediti, Siena 1882, passim; R. Tomei, La donna gentile di Ugo Foscolo, Lanciano 1889; G. Caprin, Gli amori di Ugo Foscolo nelle sue lettere, Bologna 1892, passim; G. Chiarini, Gli amori di Ugo Foscolo nelle sue lettere. Ricerche e studi, I, Bologna 1892, pp. 370-405; A. Linaker, La vita e i tempi di Enrico Mayer con documenti inediti della Storia della educazione e del Risorgimento italiano (1802-1877), Firenze 1898, passim;

E. Argentieri, La donna gentile del Foscolo, Napoli 1910; G. Chiarini, La vita di Ugo Foscolo, premessi alcuni cenni e documenti su Giuseppe Chiarini da Guido Mazzoni, Firenze 1910, passim; P. Rossi, La donna gentile, Q. M.-Mocenni, Ugo Foscolo e Silvio Pellico, in Bullettino senese di storia patria, XXXII (1925), pp. 121-150; P. Schinetti, Foscolo innamorato, con un saggio dell'epistolario amoroso, Milano 1927, passim; F. Bariola, La donna gentile, in Studi su Ugo Foscolo editi a cura della R. Università di Pavia nel primo centenario della morte del poeta, Torino 1927, pp. 353-367; G. Lesca, La donna gentile. Un'amicizia importante, in Ugo Foscolo a Firenze, Firenze 1928, pp. 81-139; A. Linaker, I manoscritti del Foscolo e la prima edizione delle opere, ibid., pp. 165-188; E. Michel, Magiotti M., Q., in Dizionario del Risorgimento nazionale, Milano 1933, p. 348; A. Monti, donne e passioni del Risorgimento, Milano 1935, ad ind.; L. Parigi, Per ricordare Q. Magiotti M., la donna gentile, dopo che è stato inaugurato il monumento ad Ugo Foscolo in S. Croce di Firenze, Firenze 1939; F. Orestano, Magiotti M. Q., in Eroine, ispiratrici e donne di eccezione, Milano 1940, p. 341; R.U. Montini, Il Pellico, la «donna gentile» e i libri del Foscolo, in Rassegna storica del Risorgimento», XXVII (1940), 1, pp. 73 s.; G. Caprin, Due donne per un poeta (Ugo Foscolo). Racconto nella storia, Milano 1943; G. Nicoletti, La biblioteca foscoliana della «donna gentile», in La biblioteca fiorentina del Foscolo nella Biblioteca Marucelliana, premessa di L. Caretti, introduzione, catalogo, appendice a cura di G. Nicoletti, Firenze 1978, pp. 5-41; C. Del Vivo, Atto Vannucci, la donna gentile, Ugo Foscolo : una dimenticata antologia delle Grazie, in Antologia Vieusseux (1985), 72, pp. 46-83; P.C. Masini, Una ritrovata traduzione di Lucrezio e una inedita stesura del sonetto «Alla sera». Nuove pagine foscoliane, in Nuova Antologia, CXX (1985), 2154, pp. 256-277; C. Sisi, Eredità del Settecento: classicismo, filantropia e l'esprit del salotto Mocenni, in La cultura artistica a Siena nell'Ottocento, Cinisello Balsamo 1994, pp. 57-92; E. Bellini, Pellico, Foscolo e la «donna gentile», in Aevum, LXXI (1997), 3, pp. 769-799; Il poeta e il tempo. La Biblioteca Laurenziana per Vittorio Alfieri. Catalogo della mostra, a cura di P. Luciani - C. Domenici - R. Turchi, Firenze 2003, ad indicem.
Christian Del Vento

Scheda tratta da:
http://www.treccani.it/enciclopedia/quirina-mocenni_(Dizionario-Biografico)/

STANISLAO MARCHISIO (1773-1859)

Nacque a Torino il 17 sett. 1773, da famiglia poverissima. Quando l'editore A. Bazzarini pubblicò a Venezia una sua commedia preceduta da alcuni cenni biografici in cui si diceva che la sua famiglia era fornita "a dovizia di beni di fortuna" e gli si attribuiva una laurea, il M. scrisse una lettera all'editore per correggere tali notizie, affermando che i suoi genitori erano poverissimi, che non aveva mai pensato a prendere una laurea e che viveva facendo il commerciante: "sappia che l'onorata mia professione è il commercio, al quale mi sono dato fin dalla prima mia gioventù e sappia per conseguenza che io sono e voglio essere negoziante" (cit. in Allocco - Castellino, p. 4).

La prima opera del M. fu una commedia di imitazione goldoniana intitolata L'apparenza inganna, scritta a 17 anni, mai rappresentata e rimasta inedita. O. Allocco-Castellino, che poté leggere il manoscritto, e pubblicarne alcune scene, disse che vi abbondavano errori di ortografia, e che l'evidente imperizia nella sceneggiatura e le molte ingenuità dimostravano l'immaturità dell'autore, il cui unico merito era in sostanza quello di essere il primo imitatore di Goldoni in Piemonte.

La prima commedia del M. portata sulle scene ha per titolo L'avviso alle figlie ed è in quattro atti. Fu rappresentata a Torino, una prima volta dalla comica compagnia Goldoni il 16 ag. 1798, e poi al teatro d'Angennes dalla comica compagnia della vedova Goldoni, il 23 nov. 1816.

Ambientata a Londra, e affidata all'intreccio romanzesco con scene di grande movimento tra cui spicca un duello, può essere definita una commedia "romantica", che tuttavia non rinuncia a qualche sottile derivazione goldoniana, specialmente nella definizione e nel chiaroscuro dei caratteri.

Più convincente appare Gustavo III re di Svezia ossia I monopolisti, in cinque atti, scritta nel 1801 e rappresentata dall'Accademia filodrammatica di cui il M. era presidente e primo attore nel personaggio di Frederikson, che scioglie in favore della giustizia una situazione complicata dall'avidità e dallo spirito vendicativo di alcuni monopolisti di grano. Evidentemente, il risentimento del piccolo commerciante danneggiato dal monopolio fu parte non piccola nell'ispirazione di questa commedia "sociale". Due anni più tardi, il M. dette alle scene un'altra commedia "di costume": La spia muta (1803), in cinque atti, nuovamente ambientata a Londra.

Nella prefazione all'edizione delle sue Opere teatrali (I-IV, Milano 1820-21), il M. non si limitava a presentare i suoi testi, ma ne difendeva anche l'ispirazione e l'impianto con l'intenzione di occupare quell'immenso spazio vuoto fra "tutto ciò che è tetra pittura dell'atroce infortunio degli eroi, e ciò che è ridevole ritratto delle umane debolezze" e contribuendo in tal modo alla creazione di quello ch'egli stesso definiva "dramma sentimentale". Si diceva inoltre convinto che non c'era speranza di riformare il nostro teatro "finché, sull'esempio delle più colte nazioni, le opere teatrali [...] non potranno essere rappresentate senza il dovuto permesso dei rispettivi autori" (p. VIII).

Vero e proprio "animale teatrale", il M. era al tempo stesso autore, sceneggiatore, attore, e regista delle sue opere: come si legge in una recensione (Biblioteca italiana, XXI [1821], pp. 13-20) alle sue Opere teatrali. Tutto lascia supporre che autore dell'anonimo articolo fosse in realtà Alberto Nota, che ricordava d'aver assistito, "or son parecchi anni", in Torino, "in un bellissimo teatro in via Po", alle prime rappresentazioni di quelle commedie che ora, stampate, recensiva per la rivista milanese (ibid., p. 13).

Il recensore riconosceva, seppur a denti stretti, a I cavalieri d'industria del M., alcuni pregi: "La commedia cammina speditamente d'uno in altro avvenimento: il dialogo è vivace: il fine degli atti rapidissimo. E per riguardo a quest'ultima qualità, l'A. ha fatto prova della sua molta perizia nel conoscer l'effetto delle cosiddette situazioni teatrali" (ibid., p. 14). Subito dopo passava però a una disamina severa dei diversi caratteri (in quello di Peretola, per esempio, padre del personaggio di Clementina, osservava una eccessiva volgarità, che non sarebbe stata assolutamente accettata dal pubblico francese o spagnolo). Nei riguardi della seconda commedia, La vera e la falsa amicizia, la critica si faceva più pungente ed estesa: composta in un linguaggio troppo ricercato e "cruschevole", mancante "di movimento nell'azione, e di verità ne' caratteri" (ibid., p. 17), se ne poteva salvare, in definitiva, soltanto il primo atto. L'articolo terminava con un parallelo fra il testo del M. e I primi passi al malcostume di Nota, risolto tutto in vantaggio del secondo.

In effetti, a prima vista, le commedie del M. sembrano ricalcare l'esempio e l'impianto delle opere di Nota, pur se appesantite da un dialogo "non teatrale" (difetto osservato anche da U. Foscolo), affidate come sono a un intreccio "facile", basato sul romanzesco e sull'avventuroso. Malgrado ciò, non di rado sono riscattate da una acuta osservazione psicologica dei personaggi.

Nei primi anni dell'Ottocento la vita del M. fu scandita dalle prime rappresentazioni delle sue opere teatrali.

Probità ed ambizione fu messa in scena a Torino (teatro Carignano, 30 maggio 1801) dalla comica compagnia Paganini. Seguirono poi: *La vera e la falsa amicizia* (23 nov. 1801), *I cavalieri d'industria* (29 giugno 1804), *La borsa perduta* (2 marzo 1806), *L'inimico delle donne* (22 febbr. 1807); *Il falso officioso* (26 apr. 1810); e *Saffo* (tragedia, 20 apr. 1811), tutte portate in scena dall'Accademia filodrammatica di Torino.

Frattanto, nel 1808, l'attività del M. s'era spostata a Milano, dove il suo Inimico delle donne - affidato ad A. Fabbrichesi, uomo di teatro, impresario e direttore di compagnia - ottenne un discreto successo. Lo stesso Fabbrichesi fu indotto a rappresentare Saffo, tragedia in versi che gli era stata fatta recapitare per il tramite di L. Pellico, fratello di Silvio e amico di Foscolo, solo dopo diverse insistenze: l'insuccesso temuto sopraggiunse puntualmente, con danno di immagine e severe conseguenze economiche. *Saffo* - scritta per un'attrice dilettante (Camilla Lampo Anselmi) - fu recensita nella Biblioteca italiana (XXV [1822], pp. 43-46): accusata di inverosimiglianza e di leggerezza nel disegno di alcuni caratteri, e comunque nel "soggetto", fu tuttavia lodata "per aver maestrevolmente delineato il personaggio di Saffo e nell'espression dell'amore, e in quella della gelosia", e per certi squarci lirici, o per certe massime morali. La seconda tragedia, *Mileto*, fu sonoramente stroncata dal Conciliatore del 20 giugno 1819.

Nel complesso, la ripresa del modello alfieriano da parte del M. risultava compromessa da una lingua troppo verbosa, da uno svolgimento assai faticoso e da un disegno dei personaggi troppo sommario. Glielo fece notare Foscolo in una lettera dell'8 maggio 1810 in cui, pur tributandogli qualche lode, esaminava due commedie il cui testo gli era stato poco prima inviato dal M., La borsa perduta e Il falso officioso.

Proprio in una lettera a Foscolo, del 5 maggio 1810, il M. aveva offerto di sé questa indovinata definizione: "Dilettante, per genio, del teatro, sono parecchi anni che vado scrivendo qualche scenica produzione; ma, convien pur confessarlo, io sono come un orbo che cammina frugando col bastone, né trova strada, che lo guidi alla desiderata meta" (Foscolo, p. 380).

Il M. non sembrò soffrire troppo degli insuccessi cui andarono incontro le sue opere, tutto dedito com'era a una fiorente attività commerciale e alla sua

Accademia filodrammatica, che vedeva sempre più minacciata però, dalla concorrenza della reale compagnia sarda. Gli ultimi anni della lunga vita del M. furono caratterizzati da una discreta tranquillità economica, ma anche afflitti da un crescente isolamento e abbandono.

Il M. morì a Torino il 23 apr. 1859.

Della produzione teatrale complessiva del M. esistono varie edizioni: Opere teatrali, I-IV, Milano 1820-21; Opere teatrali, I-IV, Verona 1831 (i primi tre volumi di Commedie, il IV di Tragedie); Commedie, I-III, Torino s.d.

Fonti e Bibl.: Epistolario di V. Monti, a cura di A. Bertoldi, V (1818-1823), Firenze 1930, pp. 202 s.; U. Foscolo, Epistolario, III (1809-1811), a cura di P. Carli, Firenze 1953, ad ind.; G. Grassi, Operette varie, Torino 1832, pp. 134 ss.; I. Rinieri, Della vita e della opere di Silvio Pellico, Torino 1898, I, pp. 297 ss.; G. Flechia, Un amico di Carlo Botta, in Gazzetta del popolo, 1° febbr. 1902; E. Regis, Studio intorno alla vita di Carlo Botta, Torino 1903, ad ind.; G. Flechia, Lettere inedite di Silvio Pellico a S. M., in La Scuola libera popolare (Boll. ufficiale dell'Unione veneta delle scuole libere popolari ed istituzioni affini), s. 2, VII (1908), pp. 19-21; O. Allocco-Castellino, Un commediografo negoziante (S. M.), Firenze 1911; M. Lupo Gentile, Voci d'esuli, Milano 1911, pp. 139 ss.; P. Carli, Ancora di una lettera di U. Foscolo a S. M., in Italica, XXVII (1950), 3, pp. 245-249; F. Regli, Diz. biografico dei più celebri poeti e artisti melodrammatici..., Torino 1860, s.v.; Enc. Italiana, XXII, p. 246.

A. Carrannante

Scheda tratta da:
http://www.treccani.it/enciclopedia/stanislao-marchisio_(Dizionario-Biografico)/

63

NOTIZIE E TESTIMONIANZE SU LUIGI PELLICO:

"Stanco di scrivere tanta carta in poche ore e sentendomi l'anima afflitta, faccio ricopiare la mia minata, che appena è leggibile, da Luigi Pellico, mio vero e fidatissimo amico, e amico vostro rispettoso e disinteressato più di quei tanti che con questo nome ricattano protezioni e vi lodano senza pudore." (UGO FOSCOLO, LETTERA A VINCENZO MONTI del 1810)

"Anche il Pellico è stato alquanti mesi con me. E per riguardo alla vostra raccomandazione, e per riguardo alla sua circostanza durissima, io ho fatto per lui tutto quanto ho potuto, non avendo egli dovuto pensare sino a quest'ora all'oggetto principale del vitto. Mi sono anche impegnato per procacciargli un impiego, od altra occupazione interinale qualunque; e sono riuscito in quest'ultima in modo, che già da due mesi va dando lezioni di lingua italiana a tal numero d'Inglesi, che basta, o dovrebbe almeno bastare, per gli altri bisogni suoi, tranne quelli di bocca. Però, essendo per terminare anche sì fatto incontro delle lezioni, credo che ei pensi di passare in cerca d'altro collocamento a Genova, sperando forse di ottenerlo da' Piemontesi, occupati colà alla sistemazione del nuovo Governo." (MICHELE LEONI, LETTERA A UGO FOSCOLO del 20 gennaio 1815)

"Mio fratello è sempre segretario del governo di Genova. Mi scrive sempre di te. Credi che t'amiamo con tutto il nostro cuore. E tu pure non dimenticarti de' tuoi compatriotti. Amaci: questo sarà un conforto dolcissimo nelle nostre sciagure." (SILVIO PELLICO, LETTERA A UGO FOSCOLO del 17 ottobre 1818)

"Il fratello Luigi, il quale da un anno era in famiglia come segretario privato del governatore di Torino, non resse al colpo, cadde malato; la malattia non era grave, ma egli era talmente di continuo cupo, e taciturno, e iroso che faceva temere un trasporto al cervello. Egli non voleva più vedere nessuno fuorché maman; i medici la consigliarono a non più secondarlo in ciò, ma anzi a scuoterlo, a sgridarlo, a rivolgere insomma altrove la sua immaginazione; essa approvò quel suggerimento, e non aspettò guari a porsi alla difficile opera. Era un giorno di festa, io era andata a casa accompagnata dalla mia maestra; maman ci disse: « Oh le benvenute! non potevate giungere in momento più opportuno. » In poche parole ci diede notizie del malato e della prova ch'essa doveva tentare; recitammo con lei,

64

Papà, Francesco, Marietta, e la fantesca, un Pater allo Spirito Santo perchè l'illuminasse, ed una Salve alla. Vergine Addolorata, perchè assistesse il malato e lei fece il segno della croce e senza più titubare entrò nella sua camera.

« Vi si trattenne circa un'ora; ne uscì rubiconda per aver pianto, ma con aria soddisfatta. Ci narrò che egli secondo il solito era rivolto verso il muro, che sentendo entrare disse: «È Maman?» - Sì, rispose essa, ma invece di portarsi al letto, sedette lontano e silenziosa. Egli la guardò inquieto, temendo forse cattive notizie relativamente a Silvio; onde Maman per distornarlo - «Perchè non vi alzaste?» gli disse - L'aria disgustata di essa, e quel voi insolito, segnale di malcontento, lo scossero alquanto; la guardava maravigliato e con tono carezzevole la pregava ad avvicinarsegli. Egli l'amava tanto; egli l'adorava, era a lei rispettoso e docile come un fanciullo e non avrebbe potuto reggere un'ora in disgrazia di lei. « Da tre giorni non avete più ombra di febbre, vi raccomando di alzarvi, di nutrirvi, di rompere quell'ostinata taciturnità, e che cosa fate? » - « Non posso. » - «Non potete; la disgrazia di vostro fratello vi ha costernato: ammalaste, la qual cosa fu un colpo di più per vostra madre che superando sé stessa compianse voi, vi servì con tutta la sollecitudine di una madre che darebbe la vita pei figli. Sono ben contenta di aver fatto per il mio Luigi tutto ciò che ho saputo e potuto fare; ma la vostra ostinazione a volervi danneggiare la salute, la vostra indifferenza a mio riguardo, anzi il vostro disamore per me, sono cose che mi offendono, mi feriscono, ed a cui non posso reggere. » - «Ohi Maman, che cosa dice mai? io disamarla?» - «Voi credete adunque ch'io sia di bronzo ? non pensate che soccomberò, e che avrete poi l'inutile rammarico di aver voi stesso contribuito... »

« Ah ! Maman ! » e finalmente pianse. Allora essa lo abbracciò piangendo anch'essa, ed ottenne che prendesse una minestra che si alzasse, che vedesse Papà e si facesse coraggio.

« Maman sapeva misurare le sue forze, non violentarlo intempestivamente, ma secondarlo anche talvolta per ottenere da lui uno sforzo maggiore. Oh quanto è ingegnoso l'amor di una madre! La domenica dopo lo vedemmo anche noi. Per non stancarlo, la M. Delfina non si trattenne che un istante e mi lasciò con lui. Era inteso tra noi, che per farlo parlare io lo consultassi riguardo un affare; egli prese vivamente parte a ciò che m'interessava, mi diede il suo parere, ne parlava quindi colla famiglia; e non era poco: che le sue parole erano divenute preziosissime."

(TESTIMONIANZA DI GIUSEPPINA PELLICO, Luigi e Silvio erano molto legati quindi è comprensibile la sua reazione di fronte alla condanna del fratello a 15 anni di carcere, in più, può essere che Luigi temeva di essere implicato anche lui nelle indagini, visto l'arresto di Borsieri e non aveva il coraggio di rivelare i propri timori ai familiari sapendo che i genitori erano anziani e non condividevano le idee politiche sue e di Silvio)

LE OPERE LETTERARIE DI LUIGI PELLICO:

Pellico, Luigi
La crisi del matrimonio. Commedia in versi di Luigi Pellico preceduta da un ragionamento intorno alla convenienza di verseggiare la commedia italiana
Torino: dalla stamperia reale, 1824
158, [2] p. ; 23 cm.
Impronta: e,la a.te a"ri (1de (3) 1824 (A)
Stamperia reale <Torino>
Coll.: 1494 - G.IV 250

La Crisi del Matrimonio
di Luigi Pellico
Trama:
La crisi del matrimonio è una commedia brillante scritta dal fratello del noto scrittore saluzzese Silvio Pellico, Luigi. La trama della "crisi del matrimonio" si può definire sempre attuale in quanto sottolinea la crisi di un marito annoiato dalla quotidianità dell'unione coniugale, che avanza pretese di maggiore modernità verso la consorte. La moglie si adopera per innescare cento trappole con cui dimostrerà al marito la geniale intelligenza femminile, e alla fine…
Interpreti:
Don Ferdinando: Erik Podetti
Donna Costanzina: daria Cravetto
Don Giulio: Simone ferrero

---

[50] http://biblioteca.accademiadeifilodrammatici.it/biblio/autore/71277

Donna Amalia: Chiara Eandi
Il barone Certani: Francesco Testa
Il conte: Mario riberi
Servitù: Silvia garnero, Francesca Luciano

La crisi del matrimonio: commedia. Preceduta da un ragionamento ... -
Pagina 10
    books.google.itLuigi Pellico - 1824 - 159 pagine - Google eBook
gratis - Leggi
Preceduta da un ragionamento intorno alla convenienza di
verseggiare la commedia italiana Luigi Pellico. e consozi', che, più
che alla 'stessa commedia,' riesce disconvenevole il verso alla
tragedia, dove il s'agit de sentir, et non de mesurer ...
Altre edizioni

Parnasso teatrale, ovvero - Pagina xxxiii
    books.google.it1829 - 654 pagine - Google eBook gratis - Leggi
Volle pur ritentare lo sperimento infelice della versificazione il
Piemontese Luigi Pellico nella commedia intitolata La Crisi ...
Sono assai più vivaci e' teatrali le commedie di Stanislao
Marchisio, che vive ancora, e si mostra uno de' più zelanti ...

Autore: **PELLICO, Luigi**
Gruppo alfabetico: **PELLICELLI-PENNAVARIA**
Collezione: Autori
Titolo: Giudizio di Luigi Pellico sui tre sepolcri.

http://biblioweb.comune.perugia.it/dettagli.php?id=366796

**Nel Dizionario di opere anonime e pseudonime di Gaetano Melzi
scaricabile da google libri è elencato anche Luigi Pellico come autore di
una commedia intitolata "L'arricchito ambizioso" pubblicata con lo
pseudonimo di Chelpi Giulio:**
http://books.google.it/books?id=ZgUJAAAAQAAJ&pg=PA580&lpg=P
A580&dq=Pellico++luigi+amori&source=bl&ots=8gMVOVm3ox&sig=
JK3DZUGesNBT0tBjLLzqqis7ZGc&hl=it&sa=X&ei=Mn1PUM_VJM

Nell'opac sbn la commedia è così catalogata:

Livello bibliografico	Monografia
Tipo documento	Testo a stampa
Autore principale	**Clelpi, Giulio**
Titolo	**L' arricchito ambizioso commedia in cinque atti e in versi di Giulio Clelpi**
Pubblicazione	Torino: Tipografia Chirio e Mina, 1829
Descrizione fisica	196 p. ; 14 cm
Collezione	· Biblioteca teatrale economica ossia Raccolta delle migliori tragedie, commedie e drammi, tanto originali quanto tradotti. Classe prima. Sezione prima ; 5
Note generali	· Tit. dell'occhietto · Contiene anche: La bacchettona di Marco Fraschenucci.
Impronta	· e.to a.o. ioo. EcGu (7) 1829 (A)
Pubblicato con	· La bacchettona. Commedia di Marco Fraschenucci | Fraschenucci, Marco

Considerando che la commedia è stata pubblicata nel 1829 potrebbe essere la commedia inviata nel 1830 da Luigi al Gabinetto Vieusseux di citata nella lettera a Qurina del 1830, inclusa in questa edizione.

LA CARRIERA DI LUIGI PELLICO:

Il Risorgimento italiano: Volume 1

books.google.itDeputazione subalpina di storia patria, Istituto per la storia del Risorgimento italiano, Società storica subalpina, Turin - 1908 - Visualizzazione snippet

Notiamo un sonetto autografo di Onorato Pellico a Vittorio Emanuele duca d'Aosta in occasione del suo passaggio a ... **Luigi Pellico, cioè partecipazione di nomina a commesso presso il secondo Ufficio della prima Divisione del Ministero della Guerra a L. 1800 annue (19 novembre 1808), poi a segretario del Grande Scudiere di S. M. il Re d'Italia (Milano, 1810), a segretario del Governo di Genova (15 febbraio 1816)**

Altre edizioni

DOCUMENTI UFFICIALI CONSERVATI NELL'ARCHIVIO STORICO DEL COMUNE DI SALUZZO RELATIVI A LUIGI PELLICO:

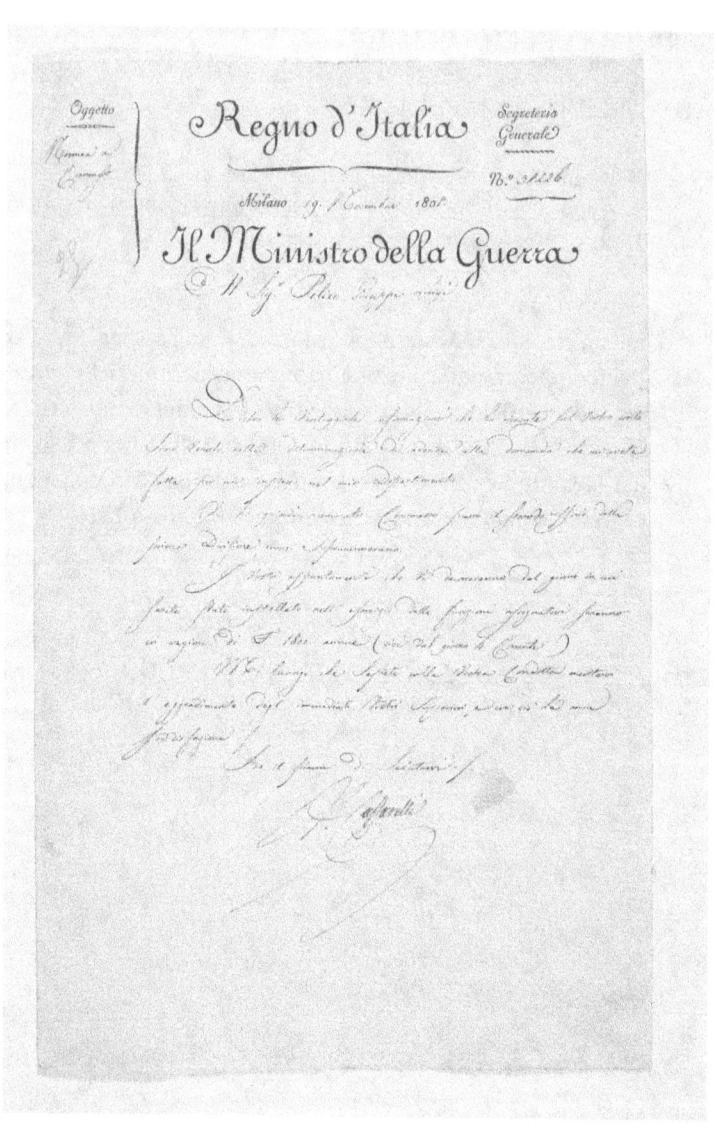

Ministero della guerra, 1808, chiamata alle armi di Luigi Pellico (la chiamata avveniva nella Francia dell'epoca a vent'anni).

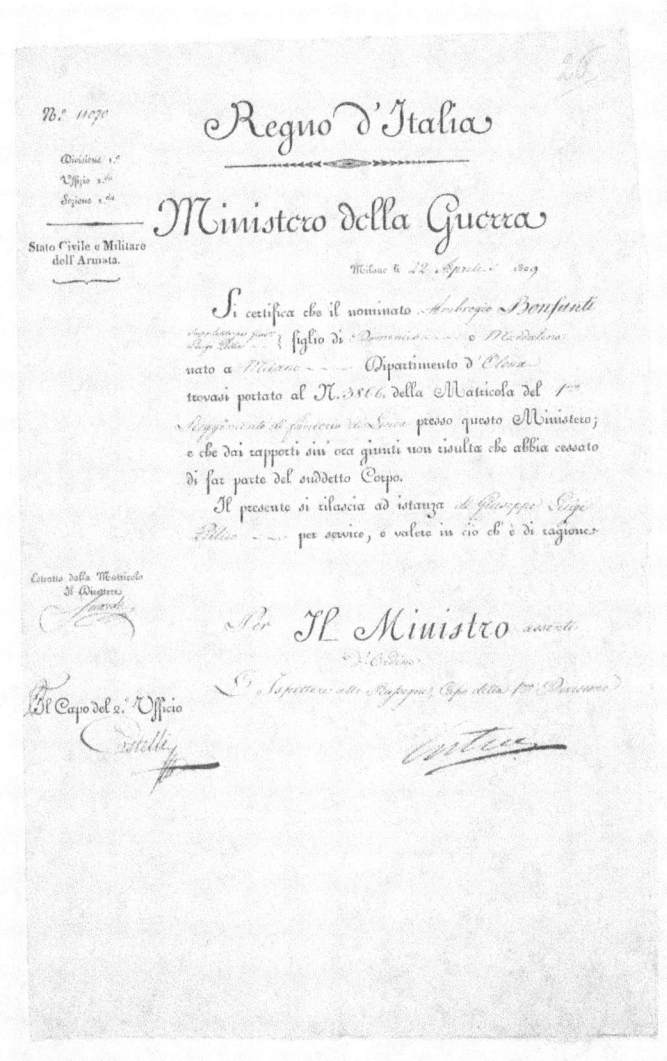

Luigi Pellico venne però sostituito da tale Ambrogio Bonfanti che come
permetteva la legge dell'epoca svolse il servizio militare al suo posto.

71

Vittorio Emanuele

per grazia di Dio

Re di Sardegna, di Cipro, e di Gerusalemme

Duca di Savoja, di Genova &

Principe di Piemonte &

Dacché Luigi Pellico compie le ore di Segretario del Governo di Genova si disimpegna con tanta attenzione ed esattezza dalle incumbenze appoggiategli che rimanendo noi invitati ad esternargliene il nostro gradimento, ci siamo degnati di confermarlo in carica di Segretario di prima Classe del Governo di Genova. Quindi è che per le personali di nostra soddisfazione e Regia autorità abbiamo detto, creato, costituito, e qualità deputato, creiamo, costituiamo, e deputiamo il predetto Luigi Pellico per Segretario di prima Classe del Governo di Genova con tutti gli onori, prerogative, privilegj, utili, ed ogni altra cosa a tale carica spettante, ed appartenente con che sia presti il dovuto giuramento. Mandiamo pertanto e incarichiamo

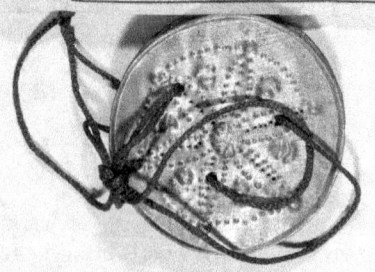

Nomina di Luigi Pellico a segretario di prima classe del governo di Genova, decreto del re Vittorio Emanuele.

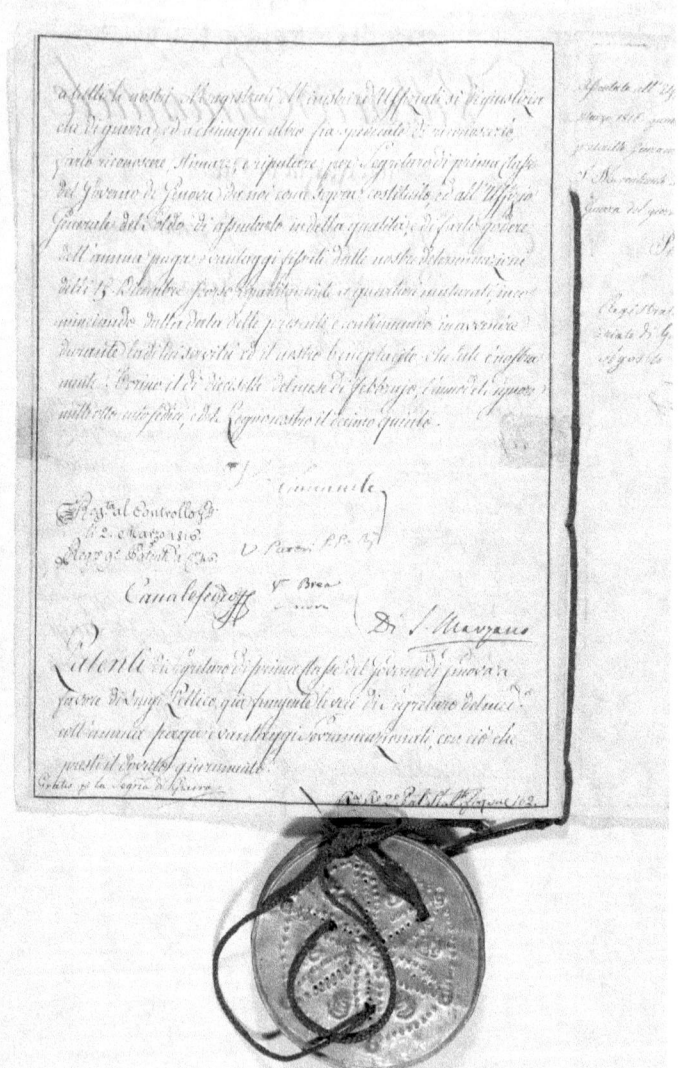

Retro del documento che risulta protocollato il 6 marzo 1816 e reso esecutivo a partire dal 22 agosto 1817.

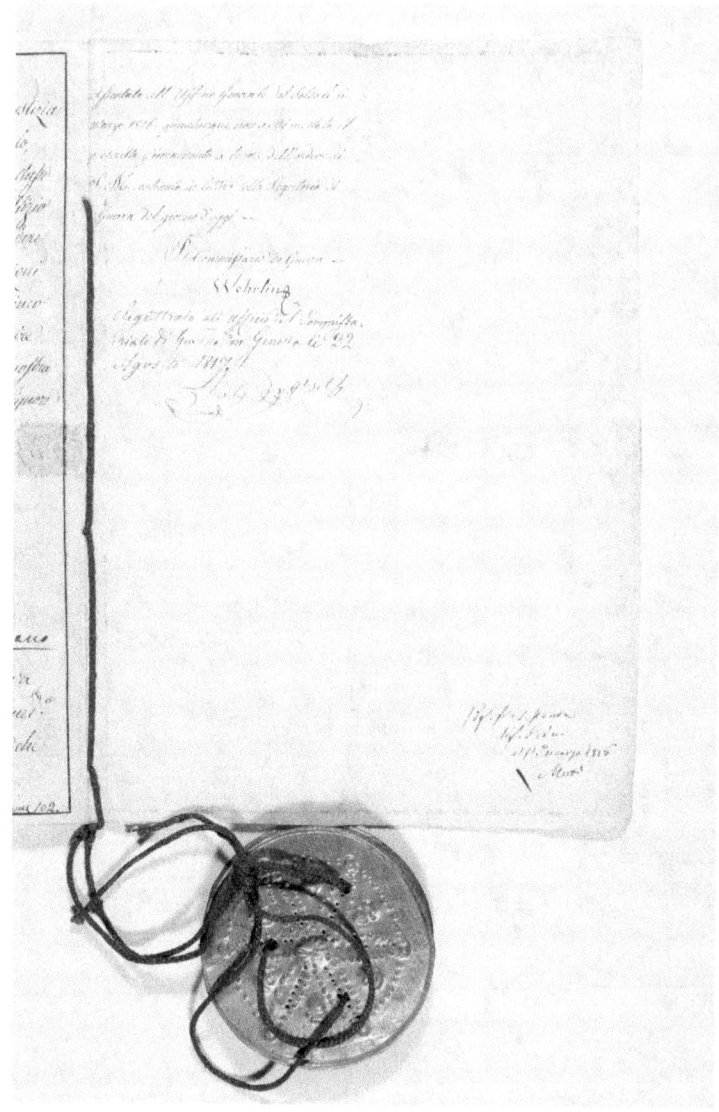

Il Re di Sardegna, di Cipro e di Gerusalemme

Uffizio Generale del Soldo. L'attenzione e lo zelo singolare con cui
Luigi Pellico Segretario del Governo di Genova va riempiendo le
incumbenze a tale impiego inerenti hanno meritato un particolare nostro
riguardo, talchè non derogando al disposto delle nostre Determinazioni del
15. Dicembre prossimo scorso, ed a sola particolare e personale di Lui contem-
plazione ci siamo degnati accordargli un'annuo trattenimento di Lire Duecento di Piemonte del quale vogliamo, che goda finchè rimarrà in detto
impiego. Vi ordiniamo pertanto di descriverlo fra i trattenuti nel Bilancio
militare, e di farlo ripartitamente a quartieri maturati godere del suddetto
trattenimento incominciando dal primo dello scorso Gennaro. Comunicherete il
presente al Controllo Generale; Chè tale è Nostra mente. Torino le 22 Marzo
1816   firmato V. Emanuele
                        contrattegnato Di S. Marzano

Registrato al Controllo G.le
le 30 Marzo 1816
Reg. 9 Pat. a C.217.
fodott. Canale degro

                                        Per copia conforme
                                        Canale segno

All' Uffizio Generale del Soldo

Documento del 30 marzo 1816 da cui risulta un "annuo trattamento di lire duecento" come ricompensa per "l'attenzione e lo zelo" dimostrati nello svolgere il suo impiego di segretario.

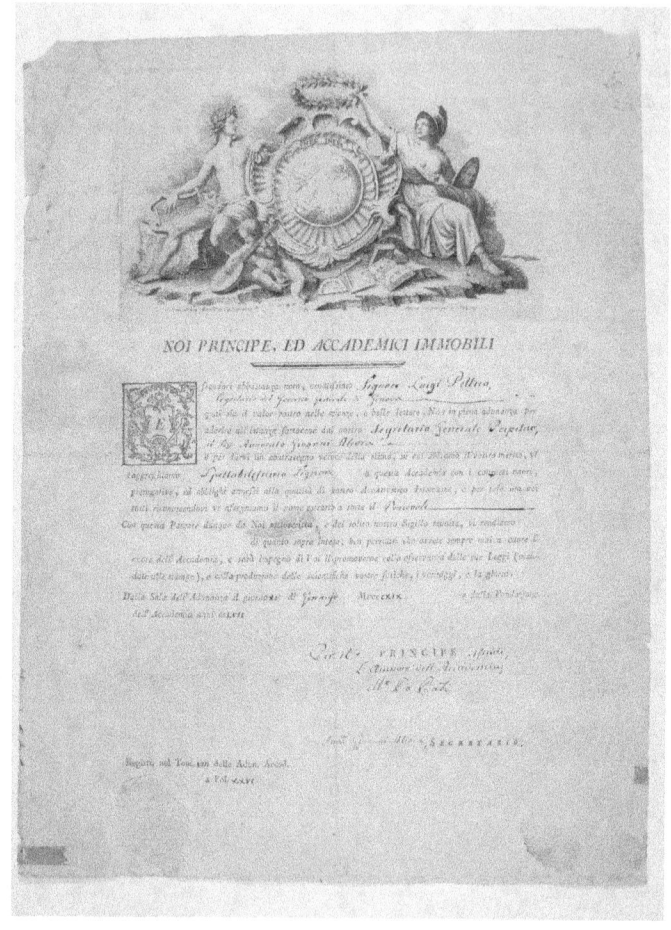

Infine un attestato di iscrizione di Luigi Pellico ad un'Accademia letteraria, probabilmente risalente sempre al periodo 1816-1817.